ThemenTouren im NATIONALPARK EIFEL

Maria A. Pfeifer
Gabriele Harzheim
Hans-Georg Brunemann

ThemenTouren im

Nationalpark Eifel

Herausgegeben von: NRW-Stiftung und Eifelverein

Nationalpark Eifel

Nordrhein-Westfalen-Stiftung
Naturschutz, Heimat-und Kulturpflege

Eifelverein
www.eifelverein.de

J.P. BACHEM VERLAG

Alle Daten und sonstige Informationen im vorliegenden Buch sind mit größter Sorgfalt recherchiert und zusammengestellt worden. Herausgeber und Verlag können jedoch keine Gewähr oder Haftung für eventuelle Änderungen oder Fehler übernehmen. Sollten sich dennoch falsche Angaben (z.B. von Öffnungszeiten oder Eintrittspreisen) eingeschlichen haben, wären wir für einen Hinweis dankbar.

Bibliografische Information Der Deutschen Bibliothek –
Die Deutsche Bibliothek verzeichnet diese Publikation in der Deutschen Nationalbibliografie; detaillierte bibliografische Daten sind im Internet über http://dnb.ddb.de abrufbar.

3., verbesserte Auflage 2005

Einbandgestaltung: Erich Sommer, Köln
Layout: Heike Unger und Till Kaposty-Bliss, Berlin
Projektkoordination und Lektorat:
Frauke Severit, Köln
Karten: Thomas Vogelmann, Edingen-Neckarhausen
Reproduktionen:
Reprowerkstatt Wargalla GmbH, Köln
Druck und Bindung:
Druckerei J.P. Bachem GmbH & Co. KG, Köln
Printed in Germany
ISBN 3-7616-1741-0

www.bachem.de

Verehrte Besucherinnen und Besucher des Nationalparks Eifel,

von der ersten Absichtserklärung im März 2002 bis zur tatsächlichen Gründung des Nationalparks Eifel am 1.1.2004 sind noch nicht einmal zwei Jahre vergangen. Der erste Nationalpark Nordrhein-Westfalens konnte in Rekordzeit eingerichtet werden und das Besondere daran ist: Die Eifeler Bevölkerung macht begeistert mit.

Der Nationalpark Eifel ist der erste Nationalpark Deutschlands, der nicht gegen, sondern mit dem Einverständnis der örtlichen Bevölkerung entstand. In der Eifelregion gibt es nicht nur intakte Landschaft, die den besonderen Schutzstatus eines Nationalparks rechtfertigt, sondern auch intakte soziale Strukturen, die dieses schnelle Vorgehen ermöglichten. Nordrhein-Westfalen schaut mit Stolz auf diese starke ländliche Region, die sich entschieden hat, ihr Naturerbe an nachfolgende Generationen weiter zu geben und die mit dem geleisteten Kraftakt zum Vorbild für andere Regionen geworden ist.

Das vorliegende Tourenbuch für den Nationalpark Eifel ist eine der lokalen Initiativen, die Ausdruck für den Konsens und die Kooperationsfähigkeit der Menschen hinsichtlich des Nationalparks Eifel sind. Autorinnen und Autoren aus der Region, das Nationalparkforstamt, Eifelverein und Nordrhein-Westfalen-Stiftung haben ihre Kräfte gebündelt und gemeinsam für Sie die Themen des Nationalparks Eifel erlebbar gemacht. Sie sind herzlich eingeladen, das Angebot zu nutzen. Erleben Sie die Eifel! Erleben Sie den Nationalpark! Genießen Sie die schöne Landschaft!

Ihre Bärbel Höhn

Ministerin für Umwelt und Naturschutz, Landwirtschaft und Verbraucherschutz des Landes Nordrhein-Westfalen; stellvertretende Vorsitzende des Stiftungsrates der NRW-Stiftung

Als Nationalparkforstamt möchten wir Sie mit diesem Landschaftsführer einladen, die künftigen Naturwälder zu Fuß zu entdecken. Vieles wird sich im Nationalparkwald verändern und Sie können diese Veränderungen beobachten. Als Nationalparkforstamt werden wir, genau wie Sie als Besucher und Wanderer, zum überwiegenden Teil nur Beobachter sein und die „Natur Natur sein lassen". Dieser Slogan, mit dem Nationalparke für ihre Aufgabe werben, bedeutet speziell für den Nationalpark Eifel, dass keine Nutzung des Waldes erfolgt, sondern seine natürliche und dynamische Entwicklung im Vordergrund steht. Der Übergang von einem bewirtschafteten Wald zu einem Naturwald wird für jeden von uns eine spannende Sache werden. Dieser Landschaftsführer gibt Ihnen die Möglichkeit, den Nationalpark selbst zu erkunden. Wir wünschen Ihnen bei der Entdeckung des ersten Nationalparks von Nordrhein-Westfalen viel Freude mit, in und an der Natur.

Henning Walter

Leiter des Nationalparkforstamtes Eifel

Liebe Eifelfreunde,

der Eifelverein begrüßt die Einrichtung des Nationalparks Eifel und hat sich seit Bekanntgabe der ersten konzeptionellen Vorüberlegungen sachkompetent in die öffentliche Diskussion eingebracht. Als Wanderverein sind wir vor allem gefordert, Vorschläge für die innere Erschließung des Nationalparks Eifelzu unterbreiten. Aufgrund der Initiative des Eifelvereins ist erreicht worden, dass bis zur Aufstellung des sog. Nationalparkplanes alle begehbaren Wege Bestandsschutz haben werden. Wir sehen es als unsere Aufgabe an, bei diesem größten Naturschutzprojekt in Nordrhein-Westfalen konstruktiv mitzuarbeiten.

Der Nationalpark Eifel wird durch seine neuen Angebote zu einer Strukturverbesserung der Eifel beitragen und dem umweltverträglichen Tourismus neue Impulse geben. Ich wünsche dem Nationalpark Eifel eine gedeihliche Entwicklung zum Wohle der dort lebenden Bevölkerung und dem Leser dieser informativen Wanderbroschüre viel Spaß beim Erkunden unserer schönen Eifel. Frisch auf!

Dr.-Ing. Hans Klein

Hauptvorsitzender des Eifelvereins

Am 1.1.2004 wurde der Nationalpark Eifel gegründet. Über viele Jahre in die Zukunft hinein wird sich dieses jetzt noch junge Gebilde in einem Entwicklungsprozess befinden, der fortgesetzt Veränderungen mit sich bringt. Trotz der daraus bedingten, teilweise unzulänglichen oder unsicheren Informationslage zu vielen Themenbereichen war es das Ziel des Autorenteams, den bisherigen Wissensstand zu recherchieren und die Besonderheiten und Anliegen des Nationalparks Eifel einer breiten Öffentlichkeit vorzustellen. Dieses Buch richtet sich an Besucher, die im Nationalpark Eifel der Natur begegnen wollen und dazu vertiefendes Hintergrundwissen suchen.

Hinweise zu den Touren:

Die für Sie als Besucher auffälligsten Veränderungen im Nationalpark Eifel wird es in der Zukunft im Bereich der Wege geben. Noch ist kein Wegenetz entworfen, das – wissenschaftlich fundiert – den Schutzzielen des Nationalparks entspricht. Die jetzigen Wege stellen lediglich einen vorläufigen Status quo dar, bei dem zunächst alle Eifelvereinswanderwege bis zur Erstellung des neuen Wegekonzeptes offen bleiben. Voraussichtlich ab 1.1.2006 wird es die wissenschaftlich fundierte Wegeneuordnung geben. Unabhängig von den hier beschriebenen Strecken sind Sie an die dann geltende Wegeführung gebunden, falls diese von den hier beschriebenen Touren abweicht. Beachten Sie bitte die entsprechenden Hinweise im Gelände und in den Besucherzentren.

Bei Ihren Wanderungen sollten Sie daran denken, dem Wetter angepasste Kleidung, vor allem festes Schuhwerk, Regen- und Sonnenschutz sowie ggf. Verpflegung mitzubringen.

Ob Sie eine gute Kondition benötigen, ist davon abhängig, welche Tour Sie wählen. Einige Strecken sind nur wenige Kilometer lang, für die großen Touren sollten Sie erprobter Wanderer sein. Der Schwierigkeitsgrad und die Kilometerzahl sind bei jeder Strecke angegeben. Bei den meisten Touren können Sie sich zwischen der Gesamtstrecke und einer Abkürzung entscheiden. In einigen Touren werden auch Abstecher zu interessanten Sehenswürdigkeiten oder zu Einkehrmöglichkeiten angeboten.

Wanderwege wurden im Text mit „WW“ abgekürzt, z. B. WWA1, Kreisstraßen mit „K“, z. B. K25, Landesstraßen heißen entsprechend z. B. L12, Bundesstraßen z. B. B266. „Wirtschaftsstraße“, „Forststraße“ oder „Feldstraße“ bezeichnen eine befestigte, mit einem zweispurigen Fahrzeug befahrbare Strecke im Gelände, unbefestigte Strecken dieses Typs heißen „Weg“. Als „Fußpfad“ wurden unbefestigte schmale Strecken bezeichnet, die nicht befahrbar sind. Angegebene Entfernungen sind stets gerundet.

Bitte beachten Sie auch die Hinweise zum Naturschutz in der hinteren Klappe.

Wir wünschen Ihnen eine erholsame und erlebnisreiche Zeit in der Natur des Nationalparks Eifel.

Maria Pfeifer
Gabriele Harzheim
Hans-Georg Brunemann

Danksagung

Unser besonderer Dank gilt dem Eifelverein und der Nordrhein-Westfalen-Stiftung für die Herausgeberschaft, der Nordrhein-Westfalen-Stiftung aber insbesondere für die finanzielle Förderung dieses Werkes.

Herzlichen Dank an die Mitarbeiterinnen und Mitarbeiter des Nationalparkforstamtes Eifel, mit deren Unterstützung dieses Werk zum Tourenbuch des Nationalparks werden konnte.

Wir danken den folgenden Personen für die Bereitstellung von Informationen: Frau Dr. Margret Bunzel-Drüke (Arbeitsgemeinschaft Biologischer Umweltschutz im Kreis Soest), Herrn Dipl.-Biol. Klaus Kretzschmar (Leiter des Wildparks Reuschenberg, Leverkusen), Herrn Oberforstrat Michael Lammertz (Leiter Kommunikation und Marketing des Nationalparkforstamtes), Herrn Dr. Michael Petrak (Forschungsstelle für Jagdkunde und Wildschadensverhütung), Herrn Prof. Dr. Wolfgang Schumacher (Rheinische Friedrich-Wilhelms-Universität Bonn), Herrn Dipl.-Biol. Manfred Trinzen, (Biol. Station d. Kreises Euskirchen), Herrn José Verkest, Oberst a. D. der belgischen Streitkräfte in Deutschland und Herrn Forstdirektor Henning Walter (Leiter des Nationalparkforstamtes).

Nationalpark Eifel

Eine Eifellandschaft auf dem Weg zu nationaler Bedeutung

Zu Beginn des Jahres 2002 kündigte das Ministerium für Umwelt und Naturschutz, Landwirtschaft und Verbraucherschutz (MUNLV) des Landes Nordrhein-Westfalen die Einrichtung eines Nationalparks auf dem Gelände des Truppenübungsplatzes Vogelsang und in den angrenzenden, im Besitz des Landes befindlichen Schutzgebieten des Kermeters, des Dedenborner Waldes und des Hetzinger Waldes an. Grundlage dieser Ankündigung war eine Vorstudie der Landesanstalt für Ökologie, Bodenordnung und Forsten (LÖBF) über die Nationalparktauglichkeit des Gebietes.

Nationalparke sollen nach deutscher Gesetzgebung oder Empfehlung

- mindestens 6 000 ha Fläche haben
- eine hohe Artenvielfalt (Biodiversität) aufweisen
- landschaftliche Eigenart besitzen
- schutzwürdig im Sinne des Naturschutzrechtes sein
- einen Anteil von mindestens 50% Fläche aufweisen, der nicht oder kaum vom Menschen beeinflusst ist.

Die Studie und fortgesetzte Untersuchungen ergaben, dass in diesem Gebiet

- ein Nationalpark von ca. 11 000 ha Fläche ausgewiesen werden könnte
- mindestens 240 Tier- und Pflanzenarten vorkommen, die auf der Roten Liste der bedrohten Arten stehen und ein Indikator für eine hohe Biodiversität sind
- Laubwälder des Mittelgebirges auf saurem Boden charakteristisch sind
- es sich hier überwiegend um FFH- und Naturschutzgebiete (s. S. 16f.) handelt
- Mindestens 40% der Waldfläche und 20% der Offenflächen sich in einem so naturnahen Zustand befinden, dass sie sich selbst überlassen und damit als „vom Menschen gering beeinflusst" eingestuft werden können.

Mit diesen Eigenschaften besaß das Gebiet die in der deutschen Gesetzgebung geforderten Voraussetzungen zur Ausweisung eines Nationalparks. Im November 2002 wurde die Einrichtung des Nationalparks Eifel vom Landtag debattiert. Sie erfolgte zum 1.1.2004, wobei bis zur Übergabe des Truppenübungsplatzes im Jahr 2006 durch das belgische Militär die Flächen von Vogelsang noch nicht zur Verfügung stehen.

Nationalpark Eifel

Schutzgebiete in Deutschland

Erlaubt im Landschafts-schutzgebiet: Land-, Forst- und Wasserwirtschaft

Das Bundesnaturschutzgesetz unterscheidet verschiedene Kategorien von Schutzgebieten: Da gibt es zum einen die Landschafts- und die Naturschutzgebiete, zum anderen die so genannten Großschutzgebiete in der Form von Natur-, Nationalparken und Biosphärenreservaten. Außerdem existieren so genannte Besondere Schutzgebiete, die der europäischen Gesetzgebung entstammen und deren Einrichtung für alle EU-Mitglieder und somit auch für Deutschland verbindlich ist.

Landschaftsschutzgebiete:
Zu ihnen gehören große Teile der Landschaft außerhalb unserer Städte und Orte, also Wälder und Felder, die nicht für Besiedlung, Straßen- oder Bergbau vorgesehen sind. Landschaftsschutzgebiete unterliegen weniger strengen Regeln als Naturschutzgebiete. Die vorhandenen Nutzungen ihrer Ressourcen durch Land-, Forst- und Wasserwirtschaft können fortgesetzt werden, jedoch dürfen Lebensräume wie Wälder, Hecken, Bäume und Tümpel oder Offenflächen nicht in etwas anderes umgewandelt oder beseitigt werden. Verboten sind z. B. die Rodung von Wald, oder die Bepflanzung von Talwiesen mit Fichten u. a.. Landschaftsschutzgebiete dienen der Sicherung eines leistungsfähigen Naturhaushaltes sowie der Erholung der Menschen.

Naturschutzgebiete:
Sie dienen dem Erhalt von Lebensräumen sowie bestimmter Tier- und Pflanzenarten. Ähnlich wie in den Landschaftsschutzgebieten und im Gegensatz zu ihrem Namen findet man hier nicht nur reine, ursprüngliche Natur, sondern auch vom Menschen überprägte Landschaft, deren Artenvielfalt und Besonderheiten erhaltenswert sind. Die Schutzvorschriften sind hier strenger als in Landschaftsschutz-

gebieten: Eine Nutzung darf nicht oder nur unter sehr strengen Auflagen erfolgen, es gelten Wegegebot, Anleinpflicht für Hunde und vieles mehr. Naturschutzgebiete zeichnen sich in der Regel durch ihre Kleinräumigkeit aus: Meist liegt ihre Größe zwischen wenigen und einigen hundert Hektar, häufig umfassen sie beispielsweise ein Bachtal, eine Trockenrasenfläche oder eine Feuchtwiese.

Besondere Schutzgebiete:
Besondere Schutzgebiete (BSGs) gehören zu einem europaweiten Netz aus Schutzgebieten, in denen das europäische Naturerbe bewahrt werden soll. Die Gesetzgebung dazu wurde bereits 1979 mit der „EU-Vogelschutzrichtlinie" zum Schutz der wild lebenden Vogelarten und 1992 mit der „FFH-Richtlinie" zum Schutz der besonders gefährdeten Tier- und Pflanzenarten und ihrer Lebensräume von der EU erlassen. FFH steht für Flora-Fauna-Habitat und bedeutet „Lebensraum für Tiere und Pflanzen". Etwa 200 Tierarten, 500 Pflanzenarten und über 200 verschiedene Lebensraumtypen werden von der FFH-Richtlinie als schützenswert eingestuft. Deutschland hat insgesamt 448 BSGs ausgewiesen.

Naturschutzgebiet Perlenbachtal: Bewirtschaftung ausschließlich für die Zwecke des Naturschutzes

Naturparke Deutschlands

Naturparke:

Naturparke eignen sich wegen ihrer landschaftlichen Voraussetzungen besonders gut für die Erholung des Menschen, z. B. zum Wandern und Radfahren. Große Teile von ihnen bestehen aus Landschafts-, Naturschutz- und FFH-Gebieten.

Als Großschutzgebiet (dessen Ausdehnung in der Größenordnung von Quadratkilometern gemessen wird) jedoch haben sie auf ihre gesamte Fläche gesehen einen recht schwachen Schutzstatus. Die fortgesetzte Zersiedelung der Landschaft und die Ausweitung des Straßenbaus werden durch Naturparke nicht oder kaum verhindert.

In Deutschland gibt es 92 Naturparke, die 24% der Fläche der Bundesrepublik einnehmen. Drei Naturparke liegen in der Eifel: Kottenforst-Ville im Nordosten, der Naturpark Südeifel im Südwesten und der Deutsch-Belgische Naturpark Hohes Venn-Eifel im Nordwesten. Der Nationalpark Eifel mit knapp 110 km² Fläche ist auf dem Gebiet des letzt genannten Naturparks eingerichtet, der rund 2 400 km² groß ist. Der Nationalpark ist vollständig von diesem Naturpark umgeben.

Der Nationalpark Eifel im Deutsch-Belgischen Naturpark Hohes Venn-Eifel

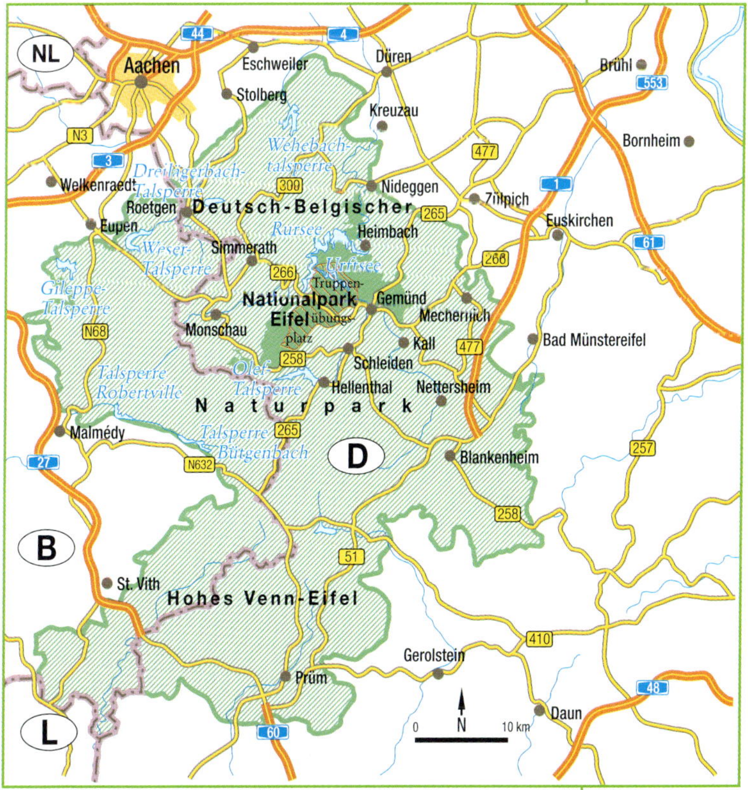

Biosphärenreservate Deutschlands, Kategorien s. S. 25

Biosphärenreservate:

Biosphärenreservate werden durch die Weltkulturorganisation UNESCO im Rahmen des Programms „Der Mensch und die Biosphäre“ ausgewiesen. Diese Großschutzgebiete dienen vornehmlich der Erhaltung, Entwicklung oder Wiederherstellung einer vom Menschen durch althergebrachte und vielfältige Nutzung geprägten Landschaft und der darin historisch gewachsenen Arten- und Biotopvielfalt. 14 der weltweit etwa 390 existierenden Biosphärenreservate liegen in Deutschland und nehmen hier 2,7% der Landfläche ein. Als Beispiel soll der Spreewald südlich von Berlin angeführt werden, der in natürlichem Zustand ein großflächiger Sumpfwald war. Durch die Rodungs- und Siedlungstätigkeit des Menschen entstand eine von Kanälen durchzogene Kulturlandschaft mit sehr eigenem Charakter. Hauptsächlich Gemüse wurde in der Region angebaut – Spreewaldgurken z. B. sind noch heute ein Traditionsprodukt. Durch das Mosaik aus Wiesen, Weiden, Baumreihen, Äckern und Ufern konnten sich Tier- und Pflanzenarten mit anderen Lebensansprüchen im Gebiet ansiedeln als die Arten im ursprünglichen Sumpfwald, womit diese Region einer größeren Artenvielfalt Lebensraum bieten konnte als der Urwald. Zum Schutz dieser auf sehr charakteristische Weise vom Menschen bewirtschafteten und gleichzeitig artenreichen Landschaft wurde der Spreewald zum Biosphärenreservat erklärt. Ein Biosphärenreservat konserviert somit einen bestimmten historischen Zustand einer Landschaft mit der entsprechenden Artenvielfalt und den vom Menschen eingebrachten Kulturpflanzen.

Biosphärenreservate können – je nach Landschaftstyp und Historie – stärker naturnah oder stärker vom Menschen überprägt sein. Daher können sie gleichzeitig auch Nationalpark oder Naturpark sein.

Im Biosphärenreservat Spreewald ersetzen Kanäle die Dorfstraßen.

Nationalparke Deutschlands, Kategorien s. S. 25

Nationalparke:

Diese Großschutzgebiete unterscheiden sich von Naturparken und Biosphärenreservaten darin, dass in ihnen Landschaften geschützt werden, die möglichst weitgehend unbeeinflusst sind von menschlichen Einwirkungen und die sich auch zukünftig frei davon entwickeln sollen. Nicht die gemeinsame Entwicklung von Mensch und Natur, sondern die vom Menschen unbeeinflusste Entwicklung der Natur entsprechend den natürlichen Prozessen steht hier im Mittelpunkt. „Prozessschutz“ ist das moderne Schlagwort, das die freie Entwicklung der Lebensräume beschreibt und „Natur Natur sein lassen“ der Slogan, mit dem Nationalparke werben.

Nationalparke besitzen somit in der deutschen Gesetzgebung die strengsten Bestimmungen zum Schutz der Natur. Aus diesem Grund sind auf dem Gebiet eines Nationalparks andere Schutzgebietsformen mit Ausnahme des Biosphärenreservats ausgeschlossen. Bei der Doppelausweisung eines Großschutzgebietes als Nationalpark und als Biosphärenreservat sind die Flächen, auf denen Prozessschutz stattfindet, und solche, die einen historischen Zustand erhalten, nicht identisch, sondern liegen räumlich getrennt.

Zurzeit gibt es in der Bundesrepublik Deutschland 15 Nationalparke, inklusive der zum 1.1.2004 neu gegründeten Parks „Eifel“ und „Kellerwald-Edersee“, die insgesamt ca. 0,5% der Landesfläche einnehmen. Fünf Nationalparke sind auch als Biosphärenreservat ausgewiesen. Mit dem Nationalpark Eifel ist der erste Nationalpark Nordrhein-Westfalens entstanden.

Erhält Kategorie II: Deutscher Hochgebirgs-Nationalpark Berchtesgadener Land mit seinem Kennzeichen, dem Watzmann (Gebirgsmassiv rechts mit Doppelspitze)

Der „Half-Dome", Kennzeichen des Yosemite-Nationalparks in Kalifornien, USA. Der Park wurde 1890 von dem Naturforscher John Muir gegründet, der als „Vater des amerikanischen Nationalpark-Systems" gilt.

Schutzgebiete international

Nationalparke gibt es nicht nur in Deutschland. Viele Staaten der Welt erachten es unter dem Druck der wachsenden Weltbevölkerung und der damit verbundenen Eingriffe in die Landschaft als bedeutsam, Teile ihrer Landschaft in ihrem natürlichen Zustand zu erhalten oder in diesen zurückzuführen.

Die Idee des Nationalparks stammt aus den USA. Am 1. März 1872 wurde der Yellowstone Nationalpark in Idaho, Montana und Wyoming als erster Nationalpark der Welt eingerichtet. Ihm gingen Vorläufer-Schutzgebiete in Arkansas und Kalifornien voraus.

Die Nationalparkidee verbreitete sich als „America's best idea" weltweit. Zu Beginn des 20. Jh. entstanden die ersten Nationalparke in Europa. Bald wurde der Begriff „Nationalpark" für Schutzgebiete verschiedenster Art gebraucht, unter anderem auch für Kulturlandschaftsschutzgebiete.

Dies führte neben anderen Ursachen zur Gründung der IUCN (International Union for Conservation of Nature and Natural Resources), die im Jahr 1969 erstmals eine internationale Definition des Nationalparkbegriffs formulierte. Heute führt die IUCN im Auftrag der Vereinten Nationen die „United Nations List of National Parks and Protected Areas". Diese Liste dient dazu, Großschutzgebiete auf der Basis internationaler Vergleichbarkeit zu klassifizieren.

Zu diesem Zweck wurden von der damaligen Kommission für Nationalparke und Schutzgebiete der IUCN mehrere Schutzgebietskategorien mit entsprechenden Management- und Schutzaufgaben erarbeitet. In den 1990er Jahren wurden diese Kriterien überarbeitet und sechs Kategorien von Schutzgebieten erstellt:

Kategorie I – Strenges Naturreservat/Wildnisgebiet:
Hier werden natürliche Lebensräume geschützt. Eingriffe werden auf ein absolutes Minimum begrenzt und dienen ausschließlich Forschungszwecken oder der Verhinderung von Schäden für die Wildnis.

Kategorie II – Nationalpark:
Es werden ebenfalls natürliche Lebensräume geschützt. Eingriffe dienen dazu, Lern- und Erholungsmöglichkeiten für die Menschen zu schaffen, die aber den Schutzzielen untergeordnet sein müssen (und nicht umgekehrt). Mindestens 75% des Gebietes muss unbeeinflusste Natur sein.

Kategorie III – Naturmonument:
Die Erhaltung einer bestimmten natürlichen Besonderheit ist das Ziel. In der Praxis haben Naturmonumente eine ähnliche Qualität wie Nationalparke, sind aber räumlich kleiner und beschränken sich z. B. auf eine Felsgruppe, einen Wasserfall o. ä..

Kategorie IV – Biotop/Artenschutzgebiet:
Hier kann der Erhalt von Lebensräumen, Tier- oder Pflanzenarten nur durch (begrenzte und punktuelle) Eingriffe sichergestellt werden. Durch die Eingriffe ist die ursprüngliche Natürlichkeit der Lebensräume nicht mehr gegeben, sie sind lediglich noch „naturnah“.

Kategorie V – Geschützte Landschaft:
In diesen Gebieten werden natürliche und naturnahe Lebensräume geschützt, wobei Erholungsmöglichkeiten für die Bevölkerung ein höherer Stellenwert eingeräumt wird als bei Kategorie II.

Kategorie VI – Ressourcenschutzgebiet mit Management:
Das Gebiet unterliegt dauerhaften und breit angelegten Eingriffen, die eine nachhaltige Nutzung der natürlichen und naturnahen Lebensräume betreiben (z. B. begrenzter Fischfang in arten- und individuenreichen Gewässergründen).

Natürliche Alterung: Buchen im Nationalpark Eifel

Eine Eifellandschaft auf dem Weg zu internationaler Bedeutung

Bei der Gegenüberstellung der nationalen und internationalen Kategorien von Großschutzgebieten fällt auf, dass die deutsche Kategorie des Naturparks nach den strengeren internationalen Kriterien nicht als Großschutzgebiet definiert ist. Ein Naturpark gilt aus internationaler Sicht eher als Erholungsgebiet und kommt aus diesem Grund in den IUCN-Kategorien nicht vor.

Hingegen können deutsche Biosphärenreservate und Nationalparke nach den IUCN-Kriterien klassifiziert werden. Wie Sie den Karten S. 20 bzw. 22 entnehmen können, befinden sich die meisten deutschen Biosphärenreservate in der IUCN-Kategorie V, ebenso die meisten deutschen Nationalparke. Nur 3 der 15 Nationalparke, nämlich Jasmund auf Rügen, der Bayerische Wald und das Berchtesgadener Land in den Alpen sind bzw. werden auch international anerkannt, d. h. in Kategorie II eingestuft.

Die meisten deutschen Nationalparke sind somit Zielnationalparke, die erst zu einer international anerkannten Naturlandschaft „zurückentwickelt“ werden müssen. Dies gilt auch für den Nationalpark Eifel.

Der Rückbau der Landschaft zu IUCN-Kategorie II hat für den Nationalpark Eifel zur Folge, dass nicht nur für 50%, wie im deutschen Recht festgelegt, sondern für mindestens 75% der Fläche Prozessschutz gelten muss. Da große Anteile des Kermeters und anderer Bereiche noch aus Fichtenwald bestehen, der aktiv in Laubwald umgebaut werden muss, bevor man die Flächen der Natur überlassen kann, wird es noch mindestens dreißig Jahre dauern, bis die internationale Anerkennung zuteil werden kann.

Management im Nationalpark Eifel

Die gesetzlichen Anforderungen schreiben in einem Nationalpark vor, dass der freien Entwicklung der Natur alle anderen Ziele untergeordnet werden müssen. Da die Qualität der Lebensräume in großen Teilen den gesetzlichen Anforderungen noch nicht entspricht, besteht ein Teil des Managements darin, Lebensräume zu optimieren (Biotopmanagement). Ein anderer Teil befasst sich damit, die Landschaft den Menschen auf naturverträgliche Weise nahezubringen (Besucherlenkung und Öffentlichkeitsarbeit). Ein dritter Teil ist der Forschung gewidmet.

Biotopmanagement:
Was die Entwicklung von Lebensräumen angeht, so wird zum einen der vorhandene Wald umgebaut, der immerhin noch zu 46% aus standortfremden Nadelhölzern besteht. Mittel- bis langfristig wird ein großer Teil der Offenflächen des Truppenübungsplatzes, die derzeit noch durch Schafbeweidung offen gehalten werden, der freien Entwicklung überlassen. Sie werden verbuschen und sich schließlich in großen Teilen wieder bewalden. Kleinere Bereiche werden durch Mahd offen gehalten.

Besucherlenkung und Öffentlichkeitsarbeit:
Um die Aktivitäten der Besucher des Nationalparks in naturverträgliche Bahnen zu leiten, wird eine Wegeneuordnung erfolgen. Bestimmte Wege werden geschlossen, andere neu eingerichtet. Das neue Wegekonzept muss Lebensräume einerseits möglichst unzerschnitten und ungestört erhalten, andererseits sollen aber auch die verschiedenen Lebensraumtypen in ihren jeweiligen Entwicklungsstadien der Öffentlichkeit gezeigt werden. Außerdem werden Besucherzentren mit der dazugehörigen Öffentlichkeitsarbeit eingerichtet und unterhalten werden.

Forschung:
Noch längst sind nicht alle im Gebiet vorkommenden Pflanzen- und Tierarten erfasst und ihre Lebensbedingungen vor Ort erforscht. Dies wird eine dauerhafte Aufgabe im Nationalpark sein. Ebenfalls werden Forschung und wissenschaftliche Überwachung die Maßnahmen des Biotopmanagements und der Besucherlenkung begleiten.

Sonnig-trockene Standorte: Eichenwald auf Fels

Der Landschaftstyp im Nationalpark Eifel

Eine der gesetzlichen Forderungen, die bei der Einrichtung eines Nationalparks an ein Gebiet gestellt werden, ist die, dass es eine landschaftliche Eigenart besitzen muss. Das Gebiet muss einen charakteristischen Ausschnitt aus einer Landschaft darstellen, die natürlich ist für den Ort, an dem sie sich befindet.

Der Nationalpark Eifel liegt im westlichen Mitteleuropa. Er unterliegt damit gemäßigtem Klima und befindet sich gerade noch am Rande des vom Atlantik geprägten Klimaeinflusses. Die ausgleichend wirkenden Wassermassen des atlantischen Ozeans bedingen auch hier noch verhältnismäßig milde Winter und relativ kühle Sommer, verglichen mit den kälteren Wintern und heißeren, trockeneren Sommern weiter in der Mitte des Kontinents, z. B. am Ostrand von Deutschland. Westwinde bringen häufige und reichliche Niederschläge in das Gebiet des Nationalparks, lokal zwischen 700 und 1100 mm im Jahr.

Typisch für Mittelgebirge ist ihre geringe Höhe. In Deutschland werden 1 000 m selten überschritten und auch die Eifel bleibt insgesamt darunter. Das Nationalparkgebiet liegt auf einer Höhenlage zwischen 250 und 630 m. Diese geringe Höhenlage trägt ebenfalls zur milden Tönung des Klimas im Gebiet bei.

Unter den klimatischen Bedingungen sind als natürlicher Bewuchs für diesen Mittelgebirgsausschnitt Laubwälder typisch – im Gegensatz etwa zum Hochgebirge, in dem Nadelbäume vorherrschen. Die Laubwälder sind von Bächen mit mehr oder weniger steil eingeschnittenen Tälern durchzogen.

Laubwald-Landschaften werden unter den deutschen Nationalparken von Jasmund und Hainich repräsentiert. In beiden Gebieten ist der Boden wesentlich basenreicher als in der Eifel. Der Nationalpark Eifel zeichnet sich durch einen sauren Boden auf devonischem Gestein aus. Dies ist eine Eigenart des Nationalparks Eifel, die unter den deutschen Nationalparken bisher nicht vertreten war. Zeitgleich mit dem Nationalpark Eifel wurde der hessische Nationalpark Kellerwald-Edersee mit ähnlichem Landschaftstyp gegründet.

In der Diskussion um das landschaftliche Leitbild des Nationalparks Eifel hat es zwei Denkansätze gegeben. Da große Teile der Ökosysteme im Nationalpark noch umgebaut bzw. optimiert werden müssen, gab es zum einen das Leitbild eines nahezu geschlossenen Mittelgebirgswaldes ohne größere Offenflächen, ähnlich wie die 50 der insgesamt 110 km^2 an Fläche, die bereits durch ihren Schutzstatus als FFH-Gebiet (Kermeter, Hetzinger Wald, Dedenborner Wald) internationale Bedeutung besaßen.

Das alternative Leitbild schloss die Offenhaltung der Flächen auf dem Truppenübungsplatz durch Beweidung mit Tierarten ein, die hier vor der Besiedlung durch den Menschen wild gelebt haben, wie Wisent, Auerochse oder Wildpferd. Doch hat sich nach anfänglich begeisterter Diskussion schließlich die ernüchterte Einsicht durchgesetzt, dass sich diese Art von Flächen-Management im Gebiet mit den Zielen eines Nationalparks nicht vereinbaren lässt. Auf diese Weise wird der Nationalpark Eifel langfristig den Landschaftstyp eines eher geschlossenen, atlantisch geprägten Mittelgebirgs-Laubwaldes auf saurem Boden mit größeren oder kleineren Lichtungen und insgesamt wenig Offenfläche repräsentieren.

Kühl-schattige Standorte: Buchenwald am Nordhang

Biber, Bäche, Eichenwälder

Wanderung durch die Natur in den Nordgebieten des Nationalparks

Schwierigkeitsgrad: Abkürzung mittel, mit Steigungen in den Bachtälern; volle Strecke anspruchsvoll wegen der Gesamtlänge

Anfahrt mit ÖPNV:

- Die Touren-Punkte 10/11 liegen in Abenden, der Tourenpunkt 17 in Blens, wo täglich auf der Strecke Düren – Heimbach die Rurtalbahn verkehrt. Über die Haltestellen Abenden und Blens ist ein Einstieg an den Punkten 10/11 bzw. 17 möglich. Fahrzeiten im Nationalpark-Fahrplan (ab Frühjahr bei Verkehrsunternehmen und Touristinformationen der Region erhältlich).

Anfahrt mit dem Pkw:

- aus Richtung Aachen B258 bis Fringshaus–Lammersdorf–Rolles-

Gegenüber: Lieblingsbäume der Biber – Weiden

broich–Strauch, dort in Richtung Düren abbiegen, weiter bis Schmidt, hinter dem Ortseingang nach rechts auf L218 in Richtung Heimbach abbiegen; gilt für alle Anfahrten: Schmidt durchfahren bis über das Ortsausgangsschild hinaus zum nächsten Ortsteil Scheidbaum, dort nach links in die Wirtschaftsstraße „Am Scheidbaum", an der Kreuzung rechts, Parkplatz am Waldrand nach 250 m

• aus Richtung Köln/Düren B399 bis Vossenack–Schmidt, dort an der Kirche nach links Richtung Heimbach, weiter wie oben

• aus Richtung Bonn/Euskirchen über Zülpich–Nideggen–Schmidt, dort an der Kirche nach links in Richtung Heimbach, weiter wie oben

Parkmöglichkeit und Ausgangspunkt: Schmidt Ortsteil Scheidbaum, Parkplatz Am Scheidbaum

Wegmarkierungen: teilweise ohne, teilweise Wegmarkierungen des Eifelvereins

Tourenlänge: ca. 16 km inkl. Abstecher (1,75 km), Abkürzung ca. 10 km inkl. Abstecher (1,75 km)

Wanderzeit: ca. 5–6 Stunden (inkl. Pause), Abkürzung 2,5–3 Stunden

Einkehrmöglichkeiten: unterwegs nur über einen Abstecher, nächst gelegene in Nideggen, Abenden, Blens und Schmidt

Besondere Hinweise:

• Voraussichtlich ab dem Jahr 2006 wird es eine Wegeneuordnung im Nationalpark Eifel geben. Sie sind an die dann geltende Wegeführung gebunden, falls diese von der hier beschriebenen Wegeführung abweicht. Beachten Sie bitte die entsprechenden Hinweise.

• Wegen des möglichen Vorkommens von Bibern im Gebiet beachten Sie bitte unbedingt das Anleingebot für Hunde. Biber sind nachtaktive Tiere und daher kaum zu beobachten. Machen Sie sich keine Hoffnungen – Sie werden die Biber höchstwahrscheinlich nicht zu Gesicht bekommen und sich mit der Spurensuche in Form von angenagten Bäumen zufrieden geben müssen. Lassen Sie diese bitte unberührt! Falls Sie keine Biberspuren entdecken sollten: Biber wechseln ihre Reviere auch, die Hinweise in diesem Buch können keine Garantie für ihr Vorkommen an einem bestimmten Ort sein.

Hinweise zu weiteren Informationen in der näheren Umgebung:

• Wildpark Schmidt mit heimischen Waldtieren und vielen Wasservogelarten, Tel. 024 74/215 oder 449

Empfohlene Jahreszeiten: Frühling bis Herbst

Streckenverlauf

Biberdamm (vorne) und aufgestautes Sumpfgebiet im Freigehege Schmidt

◆ (1) Auf dem Parkplatz wenden Sie sich zum Wald hin und nehmen den Wirtschaftsweg WW2, der entlang des linken Waldrandes bergab ins Tal des Kaldenbachs führt *(Thema: Das Leben im Bach, S. 48)*. Während Sie links offenes Grünland passieren, sehen Sie rechts zunächst einen Eichenmischwald *(Themen: Die Geschichte des Waldes, S.38, Eichenwälder S. 42)*. Nach etwa 500 m stoßen Sie auf den Beginn des Kaldenbachs, der einem Weiher einfließt. Sie folgen dem steilen Kerbtälchen über einen weiteren Kilometer.

◆ (2) Nach einer Linkskurve mündet der Weg in spitzem Winkel in einen gleichwertigen Wirtschaftsweg, auf den Sie nach rechts ins Tal abbiegen und dem Sie für 1 km folgen, bis Sie an eine Wegekreuzung mit Schutzhütte gelangen, hinter der der Kaldenbach in den Schliebach (auch Schlehbach genannt) mündet. Hier müssen Sie sich entscheiden, ob Sie einen Abstecher (hin und zurück 1,75 km) zu einem alten Biberdamm machen wollen. Falls nicht, lassen Sie die erste Kreuzung unbeachtet, überqueren den Schliebach, biegen nach rechts ab und lesen bitte weiter bei „Ohne Abstecher".

Mit Abstecher:

◆ (3) An der Hütte biegen Sie vor dem Schliebach nach links ab und folgen dem Bachlauf über 750 m bergan. Einen Abzweig nach links nach 500 m lassen Sie unbeachtet. Wo der Weg schließlich in einer scharfen Rechtskurve den Schliebach überquert, treffen Sie auf das Ende des Wildparks von Schmidt. Bevor der Bach den Weg unterquert, finden Sie linksseitig den inzwischen mit Brennnesseln überwachsenen Biberdamm *(Thema: Biber, S. 50)*, der für die Entstehung des Sumpfgebietes oberhalb verantwortlich ist. Sie überqueren den Schliebach.

◆ (4) Am einmündenden Weg biegen Sie nach rechts ein und wandern an der anderen Seite des Baches wieder zurück bis auf die Höhe der Schutzhütte, an der Sie den Abstecher begonnen haben. Lesen Sie bitte weiter bei „Ohne Abstecher".

Ohne Abstecher:

◆ (5) Sie folgen dem Schliebachtal über 2,25 km, wobei Sie einmündende Wege von den Höhen links unbeachtet lassen. Von hier aus bieten sich idyllische Ausblicke über die Talaue und gelegentlich ein Fernblick auf die Burg Nideggen. Am ersten Abzweig nach rechts über den Schliebach müssen Sie sich entscheiden, ob Sie die Abkürzung oder die volle Strecke wählen.

Abkürzung:

◆ (6) Dort, wo Sie nach rechts auf den Wirtschaftsweg durch die Talaue des Schliebachs einbiegen, passieren Sie rechtsseitig ein Erlenwäldchen, linksseitig eine Wiese mit einem Rastpilz und überqueren den Schliebach. Zwei von rechts einmündende Schneisen lassen Sie unbeachtet und überqueren einen namenlosen Nebenbach des Schliebachs.

◆ (21) Hinter dem Holzlagerplatz biegen Sie nach rechts ab und folgen dem Weg für 1,5 km, stets entlang des Baches bergauf, an einem aufgestauten Löschteich vorbei. Untergeordnete Wege lassen Sie unbeachtet, an einem versetzt kreuzenden gleichwertigen Weg halten Sie sich geradeaus.

◆ (22) Wo Ihr Weg auf einen gleichwertigen Weg trifft, biegen Sie nach rechts ab. Einen untergeordneten querenden Weg lassen Sie unbeachtet. Nach 400 m erreichen Sie einen Wegestern. Auch hier fehlt der eingezeichnete Rastplatz.

Angeschwemmte Kiesufer, unterspülte Wurzelstöcke im Schliebach

◆ (23) Am Wegestern halten Sie sich geradeaus (zweiter Weg von rechts). Nach 1 km mündet an einem Holzlagerplatz mit Rastpilz ein Weg von links ein.

◆ (24) Diesen Weg nehmen Sie und folgen ihm über 500 m, bis er in den Wirtschaftsweg im Odenbachtal mündet. Einen unterwegs von links einmündenden untergeordneten Weg lassen Sie unbeachtet.

◆ (25) Auf den Wirtschaftsweg im Odenbachtal biegen Sie nach rechts ein und folgen ihm über 500 m, bis er sich mit dem linksseitigen Weg entlang des Odenbachtals vereinigt. Lesen Sie bitte weiter bei „Gemeinsamer Rückweg".

Volle Strecke:

◆ (6) Den genannten Abzweig lassen Sie unbeachtet und folgen dem Schliebachtal über weitere 750 m, wobei Sie unterwegs einmündende Wege von links unbeachtet lassen, bis Sie hinter einer Schranke zu einem zweiten Abzweig nach rechts kommen. Von hier aus können Sie geradeaus einen Abstecher (hin und zurück 2 km) zur Einkehr machen. Dieser ist ausgeschildert und wird nicht weiter beschrieben.

Erlenaue des Schliebachs

◆ (7) Sie folgen dem genannten Abzweig nach rechts über den Schliebach zum Forsthaus Hetzingen. Nach links öffnet sich die Talaue mit ihren Äckern und gibt den Blick auf die Burg Nideggen frei, die über dem Rurtal thront.

◆ (8) An der Kreuzung zur Zufahrt des Forsthauses biegen Sie nach rechts auf die Wirtschaftsstraße ab, um dem Schliebachtal für 50 m bergan zu folgen.

◆ (9) Dann biegen Sie nach links auf einen hangparallelen Wirtschaftsweg (WW3) ein und verlassen das Schliebachtal. Zunächst am Waldrand entlang, dann durch den Wald führt der Weg durchs Rurtal, über das Sie bald schöne Ausblicke durch die Baumwipfel hindurch haben. Nach 1 km verlässt der Weg den Wald. Einen Feldwirtschaftsweg nach rechts nach weiteren 250 m lassen Sie unbeachtet. Nach weiteren 500 m führt der Weg auf eine Straßenkreuzung.

◆ (10) Hier biegen Sie nach rechts ab und folgen der Straße bergan für 500 m zwischen Äckern hindurch an den ersten Häusern von Abenden vorbei.

◆ (11) Wo die Straße eine scharfe Linkskurve macht (Schilder Auf dem Hilkenrath/Am Rossberg), gehen Sie geradeaus weiter und wechseln auf einen Fußpfad steil bergan. Nach 250 m wandelt sich dieser an einer Wegekreuzung, auf der Sie sich geradeaus halten, in einen Wirtschaftsweg. Diesem folgen Sie bergab über weitere 250 m, am Waldrand entlang vorbei an einzelnen Häusern, bis er in einen gleichrangigen Waldwirtschaftsweg mündet.

◆ (12) Auf diesen biegen Sie nach rechts ab und folgen ihm für 250 m bergan, wo an einem Haus ein Fußpfad nach links abzweigt.

◆ (13) Diesem folgen Sie für 500 m abwärts durch Laubwald, bis er in einen Waldwirtschaftsweg (WW8) mündet.

◆ (14) Auf diesen biegen Sie nach rechts ab und folgen ihm für 750 m, wobei Sie einen von rechts einmündenden Weg unbeachtet lassen, bis Ihr Weg hinter einer Spitzkehre, die einen namenlosen Bach überbrückt, in einen querenden Wirtschaftsweg einmündet.

◆ (15) Auf diesen biegen Sie über eine Stiege nach links ein. Nun führt der sich zum Fußpfad wandelnde Weg für 500 m steil bergab, teilweise über Stiegen, entlang des Baches durch den Wald auf die Rur zu. Einen Abzweig nach rechts unterwegs lassen Sie unbeachtet. An der Rur macht der Weg eine scharfe Rechtskehre und verlässt den Wald kurz darauf.

◆ (16) Nach 250 m gabelt sich der Weg. Sie gehen weiterhin rechts am Waldrand an einem mit Weiden bewachsenen Graben entlang. Hier haben Sie gute Chancen, die Fällungsarbeiten und Nagespuren

Fällungsspuren von Bibern

von Bibern zu sehen. Abzweige nach links lassen Sie unbeachtet und bleiben weiter am Waldrand. Der Weg führt schließlich zwischen Obstwiesen hindurch in die offene Feldflur, wandelt sich dort zur Straße und mündet nach 1 km am Friedhof von Blens auf die Odenbachstraße.

◆ (17) Auf diese biegen Sie nach rechts ein. Den ersten Abzweig nach links (WW13 Heimbach/Hasenfeld) nach 100 m lassen Sie unbeachtet.

◆ (18) Am zweiten Abzweig nach weiteren 100 m können Sie sich entscheiden, ob Sie links oder rechts am Odenbachtal entlang wandern wollen. Bei nassem Wetter sollten Sie den rechten, besser befestigten Weg nehmen, bei trockenem Wetter ist der linksseitige Weg empfehlenswert und wird hier beschrieben. Der Odenbachtalparkplatz lädt kurz hinter dem Abzweig mit Hütte und Bänken zur Rast ein.

◆ (19) An einer Gabelung nach weiteren 100 m bleiben Sie links, halten auf den Waldrand zu und folgen diesem, vorbei an einer Querverbindung der beiden parallelen Talwege nach 1 km, über 2 km bis zur Wiedervereinigung. Einmündende Wege von rechts oder links lassen Sie dabei unbeachtet.

Gemeinsamer Rückweg:

◆ (20) Anschließend folgen Sie dem Weg bergan über weitere 250 m durch Wald, dann über weitere 500 m am Waldrand entlang. An der Kreuzung halten Sie sich links (WW3, 14) und wandern für weitere 1,25 km am Waldrand entlang, dabei lassen Sie einmündende Wege aus dem Wald und der Feldflur unbeachtet, bis Sie den Ausgangsparkplatz wieder erreichen.

Erlengalerie im Odenbachtal

Die Geschichte des Waldes

Wie in allen Mittelgebirgen Deutschlands ist auch der Eifelwald in seiner Beschaffenheit vom Menschen überprägt. Das Nationalparkgebiet ist kein Urwald, es muss erst in einen Naturwald zurückentwickelt werden.

Urwald entwickelte sich in diesem Gebiet vor rund 10 000 Jahren, als die letzte Kaltzeit zu Ende ging. Mit den steigenden Temperaturen der Warmzeit siedelte sich auch ein großer Teil der Pflanzen- und Tierarten wieder an, die sich vor der Kaltzeit hier befunden hatten. Innerhalb weniger Jahrtausende verwandelte sich die baumlose Tundra mit ihrem Dauerfrostboden wieder in Waldland, in dem die Menschen als Jäger und Sammler lebten. Um 5500 v. Chr. etablierten sich Ackerbau und Viehhaltung in Mitteleuropa, und die Menschen wurden sesshaft. Zu dieser Zeit setzten die ersten Rodungen mit Feuer und Axt ein. Flächen für den Feldbau wurden notwendig, das Holz fand Verwendung als Baumaterial und Brennholz.

Die Besiedlung wurde dichter. Man schätzt, dass um die Zeitenwende, zur Römerzeit, in Mitteleuropa etwa 25% der Waldfläche verschwunden war. Größere Rodungsschübe erfolgten im Mittelalter seit dem 9. Jh., mit ihrem Höhepunkt zwischen dem 11. und 12. Jh.

Holzschnitt aus dem 15. Jh.: dörfliche Landwirtschaft in baumfreier Heidelandschaft

Eine Trennung zwischen Land- und Forstwirtschaft existierte in jener Zeit noch nicht, und der Wald diente auch der Versorgung der Haustiere des Menschen. Es war üblich, die Tiere zur Beweidung in den Wald zu treiben, um sie an den fetthaltigen Eicheln und Bucheckern zu mästen. Dabei hielt das Weidevieh auch die aufkeimenden Jungbäume kurz, und die Wälder konnten sich – je nach Beweidungsintensität – besser oder schlechter regenerieren. Auf diese Weise entstanden Hutewälder.

Eichenrinden-gewinnung

Bodenlaub und Waldgräser wurden für Stalleinstreu eingesammelt. Mit dem aus dem Laub entstehenden Humus entzog man den Baumwurzeln eine bedeutende Nährstoffquelle. Die Bäume wuchsen langsamer und erreichten ihre ursprüngliche Größen nicht mehr. Die Hochwälder degenerierten zunehmend. An ihre Stelle traten vielfach Niederwälder mit nur armdicken Bäumen sowie Gestrüppe mit Ginster und Schwarzdorn.

Rott- und Schiffelwirtschaft etablierten sich und waren bis ins 19. Jh. in der Eifel vielerorts praktizierte Bewirtschaftungsformen. Auf Rottland wurden die Niederwälder im Frühjahr für die Brennholzgewinnung geschlagen. Der Reisig und der abgeplaggte Unterwuchs wurden im Herbst verbrannt und der Boden mit der Asche gedüngt. Anschließend konnte man für ein Jahr Roggen oder Hafer einsäen, in einem zweiten Jahr Buchweizen. Danach war der Boden ausgelaugt und musste wieder brachliegen. Während dieser Zeit wuchs ein Niederwald nach, und der Zyklus konnte nach 10–30 Jahren von neuem beginnen.

Schiffelland entstand aus übernutztem Rottland, das nicht mehr zur Regeneration eines Niederwaldes taugte. Hier konnten nur noch außerordentlich anspruchslose Gräser und Sträucher wie Heidekraut und Wacholder überleben. Diese Heiden wurden von Schafen beweidet. In Abständen von wenigen Jahrzehnten wurden die Heiden abgeplaggt und die Plaggen verbrannt. Auch auf diesen Flächen konnte man ein bis zwei Jahre Ackerbau betreiben, um es anschließend zur Regeneration ein bis mehrere Dekaden brachliegen zu lassen.

Ab dem späten Mittelalter wurde die natürliche Rohstoffquelle „Holz“ auch für die gewerblichen und später auch für die industriellen Zwecke des Menschen genutzt. Die Lohheckenwirtschaft entwickelte sich zusammen mit dem Handwerk der Ledergerberei. Dabei wurden in Eichenniederwäldern in einem Turnus von etwa 20 Jahren die Stämme von der gerbsäurehaltigen Rinde befreit und gefällt. Das Holz wurde als Brenn- oder Nutzholz gewonnen, während die „Lohrinde“ über den Sommer getrocknet und im Herbst an Gerbereien verkauft wurde. Dort wurde sie zu Lohe gemahlen und einer Brühe zugesetzt, in die Tierhäute eingelegt wurden. Leder war ein Exportartikel der ländlichen Regionen.

Mit der Erfindung der Hochöfen setzte ab dem 15. Jh. verstärkt die Köhlerei ein. Zur Verhüttung des Erzes wurde Holzkohle benötigt, die beim Verbrennen größere Hitze erzeugt als Holz. Sie wurde in Kohlenmeilern gewonnen, in denen das Holz über einen langsamen Brennprozess unter Sauerstoffmangel verkohlt wurde. Den höchsten Kohleertrag brachte Buchenholz. Buchenwälder hießen seinerzeit auch „Kohlhecken“. Auf dem Kermeter sind aus dieser Zeit etwa 1200 Meilerplätze nachweisbar.

Kohlenmeiler im Aufbau: geschichtete Buchenhölzer

1944: Kriegszerstörter Hürtgenwald in der Nachbarschaft des Nationalparks

Bis ins 19. Jh. bildeten die Wälder die Wirtschaftsgrundlage des Menschen in der Eifel. Ihr Niedergang und ihre Zerstörung fanden in dieser Zeit ihren Höhepunkt. Aus der einst mit Buchen- und Eichenhochwäldern bestandenen Eifel war eine größtenteils baumfreie Heidelandschaft geworden *(Abbildung S. 38)*.

Die Entwicklung der Naturwissenschaften und Industrie brachte neue Verfahren in Handwerk und Landwirtschaft. Nach 1800 begann die Steinkohle die Holzkohle beim Schmelzen des Eisenerzes zunehmend zu ersetzen. Rott- und Schiffelwirtschaft wurden mit der Erfindung von Mineraldüngern überflüssig. Die Lohheckenwirtschaft erübrigte sich aufgrund des neuen Gerbungsverfahrens mit Chromsalzen. Der Druck auf den Wald ließ nach. Mit der Übernahme der Rheinlande 1815 führte Preußen die Trennung von Land- und Forstwirtschaft auch in der Eifel ein. Die Forstverwaltung forstete die kahlen Eifelflächen – zunächst gegen den heftigen Widerstand der Gemeinden, die ihre Weideflächen verloren – überwiegend mit der schnellwüchsigen Fichte und der Kiefer auf, wodurch große Teile der Heidelandschaften zugunsten von Hochwäldern verschwanden. Auch die beiden Weltkriege mit ihren Zerstörungen und Reparationshieben führten anschließend zur Wiederaufforstung überwiegend mit Fichte.

Vor diesem geschichtlichen Hintergrund ist es erstaunlich, dass auf dem Gelände des Nationalparks heute „nur“ 46% Nadelwald und immerhin 54% Laubwald stocken. *(Thema: Der Wald im Ist-Zustand, Tour 2, S. 60)*. Doch bis zum Naturwald hat dieser gegenwärtige Wirtschaftswald durchaus noch einen weiten Entwicklungsweg vor sich *(Thema: Die Zukunft des Waldes, Tour 3, S. 80)*.

Eichenwälder

Ihre Wanderungen durch den Nationalpark führen Sie durch zahlreiche Eichenwälder, die typischerweise auf flachgründigen, wärmebegünstigten Süd- und Südwesthängen stocken. Zwei heimische Eichenarten bilden ihre Bestände: Stieleiche und Traubeneiche, wobei letztere den weitaus größten Teil ausmacht. Am besten lassen sich die beiden Arten an den Früchten unterscheiden: Die Früchte der Stieleiche sitzen auf 4–8 cm langen Stielen, während die Früchte der Traubeneiche nur ganz kurz gestielt fast am Spross sitzen.

Neben den Buchenwäldern *(Thema: Buchenwälder, Tour 3, S. 82)* sind die Eichenwälder die zweite dominierende Waldform im zukünftigen Nationalpark Eifel. Als Reinbestand oder als Mischwald mit Buche und Hainbuche durchsetzt, machen sie derzeit 26% des Waldbestandes aus.

Viele der vorhandenen Eichenwälder waren ehemalige Niederwälder: Die Stämme stehen in kleinen Kreisen zusammen. Der ehemalige Hauptstamm wurde gefällt, und die jetzigen Bäume gingen aus dem Stockausschlag hervor *(Thema: Die Geschichte des Waldes, S. 38)*.

Die Bodeneigenschaften beeinflussen maßgeblich die Zusammensetzung der Wälder und ihres Unterwuchses. So ist es bedeutend, ob der pH-Wert im sauren oder basischen Bereich liegt. Im

Lang gestielt: Frucht der Stieleiche

Nationalparkgebiet kommen überwiegend saure, gelegentlich auch neutrale Böden vor *(Thema: Der geologische Untergrund im Nationalpark, Tour 6, S. 142)*. Hier gibt es also fast nur Pflanzen, die von sauren Böden abhängig sind oder sie zumindest tolerieren können.

Nahe am Spross: Früchte der Traubeneiche

Ein weiterer Faktor ist die Bodentiefe. Auf Felsen mit nur dünner Bodenbildung, die sich zudem schnell in der Sonne erwärmen, können die Eichen nur schütter oder verkrüppelt wachsen. Die Felsritzen bieten violett blühendem Heidekraut und leuchtend gelben Habichtskräutern sowie verschiedenen Ginsterarten Platz. Wo eine Bodendecke über dem Gestein vorhanden ist, wogt unter den Eichen an warmen Südhängen flächendeckend gelbblühender Wiesenwachtelweizen.

Auf tiefgründigeren Böden, die mehr Feuchtigkeit speichern können, mischen sich Hainbuchen unter die Eichen. Hier betupft im Frühling die Große Sternmiere den Waldboden mit frischem Weiß. An besonders warmen Standorten entfaltet die Pfirsichblättrige Glockenblume große, blaue Blüten an auffallenden Rispen. An frischen Stellen breitet das zartblättrige Waldlabkraut seine Blattwirtel aus.

Zu den Bächen hin sind Bergahorn, Traubenkirschen und Eschen unter die Eichen gemischt. Diese Baumarten sind besser an Feuchtigkeit angepasst und können an solchen Standorten gegen die Eichen konkurrieren.

An den Waldrändern bilden Hasel, Feldahorn, Vogelbeere, Besenginster und Brombeere einen Gebüschmantel. In unauffälligem Grün blüht der Salbeigamander am Wegesrand, Blaubeere, Drahtschmiele und Honiggras bedecken die Böschungen. Der Adlerfarn bildet stellenweise mannshohe flächige Bestände und das betörend duftende Waldgeißblatt rankt sich an Büschen hoch.

Eichenwälder bieten Lebensraum für besonders viele Insektenarten *(Thema: Insekten der Eichenwälder, S. 44)*. Zudem finden seltene Vogelarten wie der Mittelspecht in ihnen ihr Auskommen *(Thema: Der Mittelspecht, Tour 2, S. 66)*.

Insekten der Eichenwälder

Oben: Roter Eichenkugelrüssler
Mitte: Larve des Eichelbohrers
Unten: Eichenschrecke

Eine Besonderheit der Eichen ist die Artenvielfalt, die sie mit in den Wald bringen: Etwa 2 000 verschiedene Tierarten sind an ihr Vorkommen gebunden. Vor allem Insekten können an Blättern, auf oder unter der Rinde, insbesondere aber im Totholz leben. Da mit der Einrichtung des Nationalparks Eifel der Einschlag der Eichen eingestellt wurde, wächst der Alt- und Totholzanteil und es wird sich hier die größtmögliche Artenvielfalt einfinden.

Unter den Insekten der Eichenwälder sind besonders viele Käferarten vertreten. Im Nationalpark Eifel konnten bisher insgesamt 1 300 Käferarten identifiziert werden. Eine der besonders originellen Arten ist der Rote Eichenkugelrüssler *(Attelabus nitens)*. Zwischen Mai und August können Sie das nur etwa 5 mm kleine Käferweibchen dabei beobachten, wie es ein Eichenblatt beidseitig der Blattrippe einschneidet, das Blatt zusammenfaltet und zu einer Kugel zusammenrollt. Währenddessen legt es ein Ei in die inneren Blattfalten, aus dem die Larve schlüpft. Der Blattwickel bietet der Larve Nahrung und Schutz. Im Spätsommer fällt der verdorrte Blattwickel zu Boden. Die Larve überwintert in ihm und verpuppt sich im Frühjahr. Im Mai schlüpft der erwachsene Käfer.

Auch der Eichelbohrer *(Curculio glandium)* wird nur um 5 mm groß und gehört zur Familie der Rüsselkäfer. Die Weibchen legen ihre Eier an junge, unreife Eicheln. Die ausschlüpfende Larve nagt sich einen Weg in das Gewebe, ernährt sich von der Eichel und wächst mit ihr heran. Die befallene Eichel fällt früher ab als eine gesunde – was der Larve den mühsamen Weg zum Boden erspart. Wenn sie sich genügend Reservestoffe angefressen hat, bohrt sie sich einen Weg nach draußen und verpuppt sich im Mulm des Bodens, um im nächsten Frühjahr zu schlüpfen.

Die Eichenschrecke *(Meconema thalassinum)* lebt auf verschiedenen Laubbaumarten, meist jedoch auf Eichen. Sie ernährt sich teils pflanzlich, teils aber auch von kleineren Beuteinsekten. Mit ihrem langen Legebohrer legt das Weibchen Eier in Rindenritzen ab, die dort überwintern. Aus ihnen schlüpfen die kleinen Larven, die erwachsenen Heuschrecken schon recht ähnlich sehen und nach mehreren Häutungen ohne Verpuppung im Sommer ausgewachsen sind. Eichenschrecken-Männchen zirpen nicht, um die Weibchen zu betören, sondern trommeln leise mit den Füßen auf das Blatt.

Zu den besonders interessanten Insektengruppen gehören die Gallwespen. Diese wenige Millimeter kleinen Tiere stechen das Gewebe der Eichen an und legen ein Ei hinein, was die Pflanze zur Ausbildung von Wundgewebe mit abnormen und eigenwillig geformten Wucherungen anregt. Diese „Gallen“ dienen der ausschlüpfenden Larve als Nahrung und Schutz. Die Holzkugelgalle (Durchmesser 8–10 mm) wird erzeugt von einer Gallwespe mit dem lateinischen Namen *Andricus lignicola.*

Auch viele Schmetterlinge, vor allem Nachtfalter, finden sich im Eichenwald. Zu den bekanntesten gehört der Eichenspinner *(Lasiocampa quercus)*. Die Weibchen legen Eier an vielerlei Baum- und Straucharten, häufig aber auch an Eichen, deren Blätter die Raupen fressen. Der Eichenspinner überwintert als junge Raupe, die sich im Frühjahr Reservestoffe anfrisst, um sich anschließend zu verpuppen und im Sommer zu schlüpfen.

Oben: Holzkugelgalle
Mitte: Gallwespe
Unten: Männchen und Weibchen des Eichenspinners

Rotwild

Rotwild ist in Europa, mit Ausnahme von Island und Nordskandinavien, in weiten Teilen Asiens, Nordafrikas und Nordamerikas beheimatet. Der natürliche Lebensraum dieser Art sind lichte Wälder mit baumfreien Flächen wie Waldwiesen oder offenem Feld. Da unsere Landschaft durch Bebauung zersiedelt, durch Verkehrswege zerschnitten und durch Landwirtschaft verändert ist, ist der Lebensraum dieser Tierart stark eingeschränkt.

Ebenfalls einschränkend wirkt tagsüber die fast ständige Anwesenheit von uns Menschen, häufig in Begleitung von Hunden. Hinzu kommt auch noch die Jagd, die in einem begrenzten Zeitraum von Juli bis Dezember vor allem die Zahl der geweihtragenden Tiere reduziert. Die Summe all dieser Faktoren hat zur Folge, dass das Rotwild fast zu einem ausschließlichen Nachttier geworden ist, was seinem natürlichen Lebensrhythmus entgegensteht, einige Stunden Nahrung aufzunehmen und dann ruhend einige Stunden wiederzukäuen.

Sie haben ebenfalls zur Folge, dass dieser größte einheimische Pflanzenfresser unter den Wildtieren nur noch in begrenzten Gebieten vorkommen kann. In Nordrhein-Westfalen gibt es insgesamt nur noch 10 Gebiete, so genannte Rothirschgebiete, die von der Landesregierung festgelegt wurden und in denen Rothirsche leben können, ohne mit den Interessen des Menschen allzu sehr zu kollidieren. Von ihnen ist die Nordeifel eines der größten, und der Nationalpark

Säugende Hirschkuh mit gepunktetem Kalb

liegt mitten darin. Eine Besonderheit ist, dass auf den Offenflächen von Vogelsang das Rotwild über die Jahrzehnte relativer Ungestörtheit tagaktiv geblieben sind. Zudem verlaufen hier „Fernwanderstrecken" der Hirsche.

Hirsche beeinflussen den Wald. In hohen Bestandsdichten halten sie die Jungbäume klein und verhindern so eine natürliche Verjüngung des Waldes. Zudem fressen sie gelegentlich Baumrinde. Dadurch entstehen Verletzungen, die den Safttransport einschränken und in die Infektionen eindringen können, so dass der Baum absterben kann. Förster nennen diese Baumverletzungen „Schälschäden". Sie entstehen in umso größerem Ausmaß, je stärker die Tiere z. B. durch Störung daran gehindert werden, auf Weidegründen zu äsen.

Geweihtragender männlicher Rothirsch (Cervus elaphus)

Da die natürlichen Feinde des Rotwilds fehlen, ist eine Reduktion der Bestände durch den Menschen notwendig, um den Wald zu erhalten. Die herkömmliche Jagd ist nicht das geeignete Mittel, denn sie orientiert sich nicht an ökologischen Argumenten. Wegen des Geweihs werden überwiegend große, alte, männliche Tiere aus den Populationen eliminiert (Trophäenjagd). Dies steht im Widerspruch zur natürlichen Selektion, der überwiegend junge, kranke und schwache Tiere zum Opfer fallen. Weiterhin werden die Bestandsdichten des Rotwilds in der Regel zu hoch gehalten – zu Lasten des Waldes. Zwei Tiere pro km^2 sind waldverträglich. Vor dem Hintergrund dieser Argumente wird im zukünftigen Nationalpark anstelle der Jagd eine Wildbestandsregulierung gesetzt, die die Bestände in ihrer naturgemäßen Alters- und Geschlechterzusammensetzung erhält.

Eine weitere Herausforderung für den Nationalpark ist, das Rotwild in seiner natürlichen Umgebung für Besucher erlebbar zu machen. Das Rotwild-Management muss nicht nur den Nationalpark, sondern das gesamte Rotwildgebiet einschließen, zudem eine ausgeklügelte Besucherlenkung einrichten, die Ruhebedürfnis und Fluchtdistanzen der Tiere berücksichtigt sowie neben entsprechender Wegeführung auch ein geeignetes System von Beobachtungsständen bereitstellt.

Das Leben im Bach

Schliebach und Kaldenbach sind typische Mittelgebirgsbäche mit Au- und Bruchwäldern. Als Fließgewässer sind die kleinen Bäche der Eifel durch charakteristische Eigenschaften geprägt:

- es herrscht eine permanente, bei Regen oft reißende Strömung
- der Wasserstand schwankt ständig mit den Niederschlägen
- durch die Beschattung der Erlen und anderer Bäume ist das Wasser stets kühl
- durch die ständige Verwirbelung mit der Luft ist das Wasser sehr sauerstoffreich

Pflanzen und Tiere haben sich im Verlauf der Evolution daran angepasst. Bei den Pflanzen sind daher mikroskopisch kleine Algen vorherrschend, die als glitschig-braune Überzüge die Steine bedecken, der Strömung nur wenig Widerstand bieten und daher nicht weggerissen werden können.

Wo die Steine aus dem Wasser ragen und durch Spritzwasser feucht gehalten werden, können sich auch Moose ansiedeln. In der Luftfeuchte aufgewirbelter Wassertröpfchen bedeckt das tiefgrüne Milzkraut die Ufer. Seine doldenartigen Blütenstände sind von gelbgrünen Hochblättern gerahmt und leuchten im tiefen Schatten des Waldes.

Leuchtend: Blütenstand des Milzkrauts

Der schwankende Wasserstand der sehr schmalen Oberläufe erlaubt meist die Existenz von Fischen noch nicht. Hier ist das Reich der Insekten. Während sie als erwachsene Ausprägung an Land leben, verbringen viele ihr Larvenleben im Bach: Eintags-, Köcher- und Steinfliegen, Bachhafte oder Libellen.

Die Larven verkriechen sich mehr oder weniger tief in das Lückensystem der Steine im Bachbett. Einige von ihnen weiden den Algenbewuchs auf den Steinen ab, andere jagen kleinere Tiere oder fressen halbzersetzte Stoffe, die sich in Ritzen ablagern.

Um nicht verdriftet zu werden, klammern sich einige Arten, wie die Steinfliegenlarven, mit starken Klauen an den Stein, dem ihr Körper stromlinienförmig anliegt. Dennoch geschieht es recht häufig, dass eine Larve losgerissen oder aus einer Lücke hervorgespült und ein Stück bachabwärts getrieben wird. Um diese Abwärtsdrift zumindest teilweise wieder auszugleichen, zeigen Insektenlarven die Tendenz, gegen die Strömung bachaufwärts zu wandern. Wenn aus der Larve schließlich das erwachsene, flugfähige Insekt schlüpft, fliegt es ebenfalls bachaufwärts, um sich auf seinem Weg mit einem Partner zu paaren und Eier ins Wasser zu legen. Auf diese Weise setzt es seinen Entwicklungszyklus wieder neu in Gang. Über Verdriftung und den gegenläufigen Kompensationsflug verteilen sich Insekten über den gesamten Bachlauf.

Die Steinfliege Perla marginata verbringt ihr Larvenleben im Wasser.

Schwimmender Biber

Biber

Der Biber *(Castor fiber)* ist das größte europäische Nagetier. Etwa fuchsgroß, wird er um 30 kg schwer und besitzt Schwimmhäute zwischen den Zehen der Hinterfüße. Mit letzteren rudert er beim Schwimmen, während der abgeplattete, mit Schuppen besetzte, unbehaarte Schwanz nur zum Steuern dient. Mit ihrer „Kelle" schlagen die Tiere auch aufs Wasser, um vor Gefahr zu warnen, woraufhin alle Familienmitglieder abtauchen.

Biber können beim Tauchen Ohren und Nase verschließen. Ihr Fell ist besonders dicht (23 000 Haare pro cm^2) und weich. Zur Pflege verteilen die Biber mit den Vorderfüßen ein Sekret aus Öldrüsen an der Schwanzwurzel. Weiterhin besitzen sie Duftdrüsen in der Nähe des Afters, mit denen sie ihr Revier markieren.

Biber leben monogam in kleinen Familien, die das Elternpaar und die Jungen aus zwei Jahren umfasst, in einem Revier entlang eines Baches oder am Seeufer. Sie graben Erdbaue am Ufer oder auf Inseln, die sie mit einem Haufen von Ästen („Burg") gegen Ausgrabung durch Feinde wie Wolf und Bär überlagern. Die Eifelbiber verzichten aber in der Regel auf diesen Schutz, so dass ihre Erdbaue nicht erkennbar sind. Der Eingang eines Baus befindet sich stets unter Wasser.

Pro Jahr werden 1–5 Junge geboren, die bis zu drei Monate vom Weibchen gesäugt werden, aber auch schon mit 14 Tagen an Pflanzenwurzeln knabbern. Nach etwa zwei Jahren verlassen die Jungtiere den Bau der Eltern und suchen sich eigenen Reviere. Mit 3–4 Jahren werden sie geschlechtsreif und können bis zu 16 Jahre fortpflanzungsfähig bleiben. Frei lebende Biber sterben aber in der Regel jünger.

Biber gibt es erst seit den 1980er Jahren wieder in der Eifel. Das Staatliche Forstamt Hürtgenwald führte 1981 eine Wiederansiedelung im Tal der Weißen Wehe (Nordeifel) durch. Begonnen wurde mit sechs Tieren, die aus einer polnischen Zuchtstation stammten. Während zwei Biber nach kurzer Zeit umkamen, konnten die vier verbliebenen Tiere erfolgreich Familien im Tal der Weißen Wehe gründen. Die Familien siedelten z. T. um, z. T. wanderten die nachwachsenden Jungtiere in benachbarte Täler und an die Wehebachtalsperre aus. Strenge Winter und Hochwasser führten allerdings auch zum Tod einiger Tiere.

Die Forstverwaltung überwachte anfänglich die kleine Population sehr genau und frischte 1985 den Bestand von etwa zehn Tieren genetisch mit weiteren zwei Männchen aus der Zuchtstation auf. Im Laufe der folgenden Jahre wanderten junge Biber weiter in die benachbarten Täler aus, im Rurtal sogar bis nach Jülich. 1989 frischte die Forstverwaltung den lokalen Bestand wiederum mit vier Bibern auf, die in Polen wild gefangen worden waren (solche Wildfänge sind meist Tiere, die im Lebensraum des Menschen Probleme verursachen, z. B. Deiche unterhöhlen, und daher weggefangen werden müssen).

Inzwischen haben sich die Biber in zahlreichen Bachtälern und Talsperren der Nordeifel erfolgreich etabliert. Man schätzte den Bestand in der Eifel im Jahr 2003 auf etwa 100 Familien. Auch in den größeren Bachtälern des Nationalparks Eifel finden sie angemessene Lebensbedingungen.

Abgenagte Äste einer gefällten Weide

Buchenhallen und Eichenhänge

Die schönsten Seiten des Kermeterwaldes zu Fuß oder mit dem Schiff erkunden

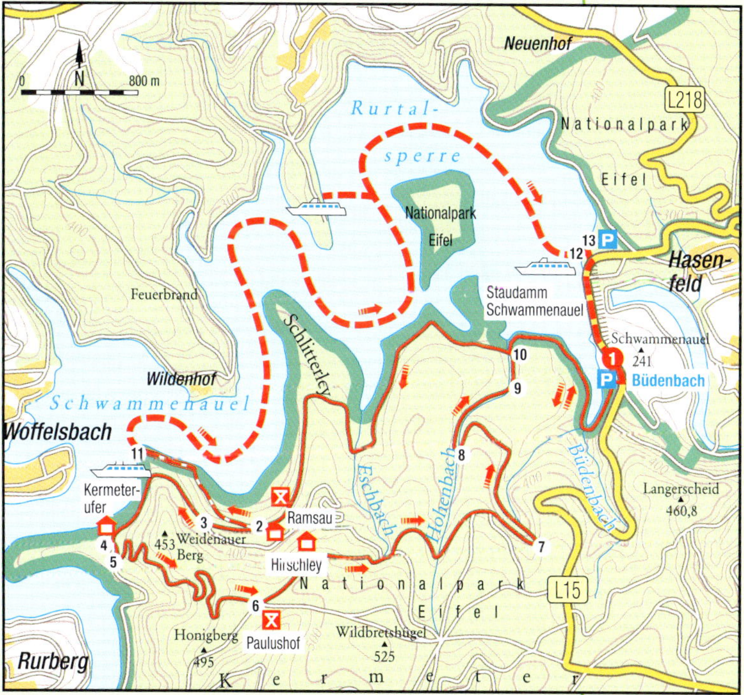

Schwierigkeitsgrad: Abkürzung leicht; volle Strecke mittel, wegen einiger Anstiege und Steilstrecken und der Gesamtlänge

Anfahrt mit ÖPNV:

• Der Staudamm Schwammenauel ist an Sonn- und Feiertagen im Sommer mit der „Wasser-Linie" (231) ab Heimbach u. Gemünd sowie mit „Mäxchen" ab Heimbach erreichbar. Fahrzeiten im Nationalpark-Fahrplan (ab Frühjahr bei Verkehrsunternehmen und Touristinformationen der Region erhältlich).

Gegenüber: Traubeneichenwald mit blühendem Wiesenwachtelweizen

Anfahrt mit dem Pkw:

• aus Richtung Aachen B258 bis Roetgen-Fringshaus–Lammersdorf–Rollesbroich–Strauch–Schmidt (Richtung Heimbach)–Staudamm Schwammenauel; gilt für alle Anfahrten: Den Staudamm und eine beschrankte Doppeleinfahrt passieren, vor einem Gefahrenhinweisschild für Motorradfahrer an einem kleinen Hinweisschild „Rundwanderweg Nr. 12 über Rurberg" nach rechts auf den Parkplatz Büdenbach abbiegen

• aus Richtung Köln B265 bis Heimbach-Vlatten, dort L218 bis Heimbach–Hasenfeld–Staudamm Schwammenauel, weiter wie oben

• aus Richtung Düren über Nideggen–L249 bis Heimbach, dort L218 bis Hasenfeld–Staudamm Schwammenauel, weiter wie oben

• aus Richtung Bonn/Euskirchen B56 bis Zülpich, dort auf die B265 bis Heimbach-Vlatten, dort auf die L218 bis Heimbach–Hasenfeld–Staudamm Schwammenauel, weiter wie oben

Parkmöglichkeiten: Staudamm Schwammenauel, P am Nordende (gebührenpfl.), P Büdenbach am Südende (gebührenfrei)

Ausgangspunkt: Staudamm Schwammenauel, P Büdenbach

Wegmarkierungen: teilweise ohne, teilweise Wegmarkierungen des Eifelvereins

Tourenlänge: volle Strecke 14,5 km, Abkürzung 7,5 km

Wanderzeit: 4 Stunden, Abkürzung 2 Stunden

Einkehrmöglichkeiten: Staudamm Schwammenauel, empfehlenswert auch das nahe gelegene Heimbach oder der rustikale Imbiss im Kloster Mariawald

Besondere Hinweise:

• Voraussichtlich ab dem Jahr 2006 wird es eine Wegeneuordnung im Nationalpark Eifel geben. Sie sind an die dann geltende Wegeführung gebunden, falls diese von der hier beschriebenen Wegeführung abweicht. Beachten Sie bitte die entsprechenden Hinweise.

• Sie können diese Rundwanderung zur Streckenwanderung abkürzen, indem Sie den Rückweg per Boot zurücklegen, und zwar von der Schiffsanlegestelle „Kermeter-Ufer", auch „Kermeter" genannt, bis zum Staudamm Schwammenauel. Ein Boot verkehrt von Ende April bis Ende Oktober stündlich (Wochenende und Feiertage) oder zweistündlich (werktags) zwischen 11.25 und 18.25 Uhr. Die genauen Zeiten entnehmen Sie bitte den Tafeln am Parkplatz Büdenbach oder der Website www.rursee-schifffahrt.de.

Empfohlene Jahreszeiten: Frühling bis Herbst

Streckenverlauf

◆ (1) Sie verlassen den Parkplatz auf dem Wirtschaftsweg in den Wald (WW12, Wasserburgenroute) und können sich an der Schranke auf einer Tafel über die Abfahrtszeiten des Bootes vom Kermeter-Ufer informieren, mit dem Sie den Rückweg abkürzen können. Der Weg führt abwärts zum Rurseeufer und folgt dem bewaldeten Uferrand, an dem gelegentlich schroffe Felsen sichtbar werden. Hier an der Nordseite des Kermeters durchwandern Sie Buchenwälder in ihrer typischen Ausprägung *(Thema: Buchenwälder, Tour 3, S. 82)*, die zur Uferseite hin mit Ahorn und anderen Baumarten durchsetzt sind. Nach 300 m überqueren Sie in einer Spitzkehre den Büdenbach, um nach einem weiteren Kilometer an die Einmündung des Hohenbachs zu gelangen, an dessen linker Seite der Fußpfad des Rückwegs einmündet (10). Etwas weiter geradeaus gelangen Sie in einen Fichtenwald, der rechtsseitig zur Halbinsel Tonsberg gehört, auf der eine nicht zugängliche, fälschlicherweise als „römisch" bezeichnete Ruine liegt *(Thema: Historische Siedlungsreste, S. 70)*.

Wald und Wasser auf der Halbinsel Tonsberg

Sie folgen dem WW12 für insgesamt weitere 3,75 km, wobei Sie untergeordnete Wege und Schneisen unbeachtet lassen. An einer Wegekreuzung nach den ersten 250 m halten Sie sich geradeaus (Wasserburgenroute, R1, WW12). Den nach weiteren 500 m abzweigenden Fußpfad nach rechts lassen Sie unbeachtet. Über größere Teilstrecken führt der Weg durch Fichtenwald *(Thema: Die Zukunft des Waldes, Tour 3, S. 80)* und durch Buchenwald *(Thema: Der Wald im Ist-Zustand, S. 60)*. Ein von links einmündender Weg nach einem weiteren Kilometer bleibt unbeachtet. Nachdem Sie in einer Spitzkehre den Eschbach überquert haben, säumen Hochstaudenfluren *(Thema: Hochstaudenfluren, Tour 6, S. 150)* mit Zwergholunder den Wegrand. Sie passieren die Halbinsel „Schlitterley", wo mehrere untergeordnete Wege einmünden (die Sie alle unbeachtet lassen), darunter von links durch die Felsen ein historischer Hohlweg. Auf den sich hier anschließenden Felshängen finden Sie charakteristische Traubeneichenwälder *(Themen: Eichenwälder, Tour 1, S. 42, Insekten der Eichenwälder, Tour 1, S. 44, Der Mittelspecht S. 66)* und

Dünner Boden: Felsnase im Traubeneichenwald

später auch Buchenwälder. Etwa 1 km dahinter kommen Sie zum Rastplatz Ramsau. An der 100 m dahinter liegenden Hütte zweigt nach rechts ein Weg ab. Hier müssen Sie sich entscheiden, ob Sie die Abkürzung oder die volle Strecke wählen.

Blüht im Juni unter Eichen: Wiesenwachtelweizen

Abkürzung:

◆ (2) Sie biegen nach rechts ins Tal ab. Einen nach 750 m von rechts einmündenden Weg lassen Sie unbeachtet. Nach weiteren 250 m erreichen Sie rechtsseitig eine Treppe, die zur Anlegestelle „Kermeter-Ufer" der Rurseeschifffahrt führt. Falls Sie noch ein wenig Wartezeit überbrücken müssen, erkunden Sie den Weg noch bis zu seinem blinden Ende, wo ein Platz mit guten Fernblicken zur Rast einlädt.

◆ (11) Andernfalls biegen Sie nach rechts auf die Treppe ab und begeben sich zur Anlegestelle, um mit dem Boot zurück zur Anlegestelle „Schwammenauel" zu fahren.

◆ (12) An der Schwammenauel steigen Sie die Treppen hinauf bis auf den Vorplatz des Restaurants, auf dem Sie eine Informationstafel über die Bedeutung der Talsperre, den Bau des Staudamms und den Wasserverband Eifel-Rur finden.

◆ (13) Sie wenden sich der Straße zu und dann nach rechts, um den Damm zu passieren, vorbei an dem Überlauf *(Thema: Der Rursee, S. 68)* und einem mit Linden bestandenen Rastplatz sowie der beschrankten Doppeleinfahrt, um nach insgesamt 1 km die Einfahrt zum Parkplatz Büdenbach zu erreichen.

Volle Strecke:

◆ (2) Sie folgen weiter der Wasserburgenroute nach links über 250 m bergan.

◆ (3) In der Spitzkehre nach links biegen Sie auf den Abzweig nach rechts ab (WWA1, A2) und folgen diesem für 1 km um den Weidenauer Berg herum, bis linksseitig die erhöht gebaute Rasthütte Weidenauel ins Blickfeld kommt.

◆ (4) Sie biegen auf den schmalen Fußpfad zur Hütte nach links ein, passieren sie und gelangen zu einer Forststraße. Sie haben damit eine Serpentine mit der Einmündung des Weges auf die Forststraße abgekürzt.

◆ (5) Sie biegen auf die Straße nach links ein und folgen den Serpentinen für 1,75 km steil den Weidenauer Berg hoch. Eine Bank mit Fernblick über See und Wälder lädt zur Rast ein. Einen Abzweig nach rechts ins Sperrgebiet lassen Sie unbeachtet, ebenso einen späteren untergeordneten Abzweig nach links, bis Sie an die Kreuzung am Rastplatz Paulushof gelangen.

◆ (6) Hier biegen Sie von der Straße auf den Weg nach links ein (Ahr-Venn-Weg, Willibrordus-Weg, Eifel-Ardennen-Weg) und folgen ihm über 500 m zur Hirschley, einer weiteren Schutzhütte mit idyllischem Fernblick über den Rursee. Unterwegs abgehende Schneisen lassen Sie unbeachtet. Abseits der Wege gibt es auf dem Ker-

Kletterfreudig: Traubeneichen auf kahlem Fels

Rastplatz mit Fernblick an der Hirschley

meter zahlreiche Meilerplatten *(Thema: Die Herstellung von Holzkohle, Tour 7, S. 166)*. Nach weiteren 350 m setzen Sie Ihren Weg über eine Kreuzung hinweg fort (WWA2, 13). Den kurz dahinter nach links abzweigenden Weg vor einer Wildwiese lassen Sie unbeachtet und passieren eine zweite Wildwiese rechts, danach eine dritte links, vor der wiederum ein Weg abzweigt, den Sie unbeachtet lassen. In weitem Rechtsbogen führt der Weg durch hohe Hallenwälder auf das Kerbtälchen des Hohenbachs zu, um diesen in einer Spitzkehre zu überqueren. Diese tiefen Wälder mit ihren Feuchtgebieten können Brutraum seltener Vogelarten sein *(Themen: Der Schwarzstorch, Tour 7, S. 164, Der Kolkrabe, Tour 7, S. 165)*. Den nach 500 m abzweigenden WW13 lassen Sie unbeachtet und folgen dem Weg über weitere 750 m bis zum Abzweig nach links.

◆ (7) Sie biegen auf diesen Wirtschaftsweg (WWA1) ein und folgen ihm für 1,25 km, vorbei an einem Doppelabzweig nach rechts.

◆ (8) Wo der Weg den Hohenbach erneut erreicht, überqueren Sie diesen, biegen auf den einmündenden Weg nach rechts ab und folgen ihm weiter talwärts bis zu einem Abzweig nach rechts.

◆ (9) Auf diesem überqueren Sie erneut den Bach und folgen ihm talwärts, bis Sie auf den Seeuferweg gelangen.

◆ (10) Auf diesen biegen Sie nach rechts ein, um nach 1,25 km den Parkplatz Büdenbach wieder zu erreichen.

Der Wald im Ist-Zustand

Insgesamt 54% der vorhandenen Waldfläche im Nationalparkgebiet wird von Laubwald eingenommen. Der relativ hohe Eichenanteil, der mit 26% wesentlich höher liegt als der Landesdurchschnitt von 15%, ist auf die traditionelle Nutzung als Lohhecken oder Schälwälder im Gebiet zurückzuführen *(Thema: Die Geschichte des Waldes, Tour 1, S. 38)*. Dreiviertel des Bestandes ist zwischen 60 und 120 Jahren alt. Man kann daraus ersehen, dass vor dieser Zeit diese Baumart noch sehr rege genutzt wurde. Im Nationalparkgebiet kommt überwiegend die Traubeneiche vor, die auf den steilen Felsstandorten dominant ist, wo das Wasser schnell abläuft und in Klüften versickert und der Boden daher insgesamt eher trockene Lebensbedingungen bietet.

Auch die Buche *(Fagus sylvatica)*, die mit einem Flächenanteil von 24% im Nationalpark ebenfalls weit über dem Landesdurchschnitt von 17% liegt, verdankt ihren hohen Anteil der traditionellen Nutzung

Strukturreicher Buchenhochwald

als Köhlerholz. Sie kann sich gegen die Eiche auf den ebeneren und tiefgründigeren Böden durchsetzen, wo Feuchtigkeit in größerer Menge und über längere Zeit gespeichert wird. Ihre Altersverteilung ist recht ausgeglichen. Erfreulich ist die mehr als ein Drittel einnehmende Altersklasse von über 100 Jahren *(Thema: Altholz und Totholz, S. 62).*

Die restlichen Laubwaldanteile von 4% mit Hainbuche, Bergahorn und Esche sind Bestände entlang der Bachtäler, die überwiegend feuchte Lebensbedingungen bieten und auch gelegentlich vom Bach überflutet werden.

46% der Waldfläche im Nationalpark besteht aus Nadelwald. Unter ihnen hat die Fichte mit 41% den weitaus größten Anteil. Dreiviertel davon sind erst 20–60 Jahre alt, eine Folge der Wiederaufforstungsmaßnahmen nach dem Zweiten Weltkrieg. 5% des Nadelholzbestandes werden von Douglasie und Kiefer eingenommen. Der große Anteil an standortfremden Gehölzen wird in der Zukunft rückgebaut *(Thema: Die Zukunft des Waldes, Tour 3, S. 80).*

Nahezu bewuchsfreier Fichtenbestand

Zu Forschungszwecken nummeriert: alte Buchen in der ehemaligen Naturwaldzelle „Im Brand“

Altholz und Totholz

Ein Naturwald unterscheidet sich von einem Wirtschaftswald durch den fehlenden Holzeinschlag. Das Fällen der Bäume, meist im Alter von ca. 80–120 Jahren, führt dazu, dass es in einem Wirtschaftswald keine alten oder abgestorbenen Bäume gibt.

Bäume, die über das Erntealter hinaus erhalten bleiben, nennen die Förster „Altholz“. Mit dem Begriff „Totholz“ werden abgestorbene Bäume und Äste im Wald bezeichnet. Es kann durch Blitzeinschlag, Windwurf oder durch das natürliche Absterben alter Bäume entstehen.

Altholz und Totholz sind spezielle Lebensräume mit einer eigenen, besonders reichhaltigen Pflanzen- und Tierwelt, die sich in unseren bewirtschafteten Wäldern fast ausschließlich in so genannten „Naturwaldzellen“ entwickeln können. Sie sind kleine Inseln aus Naturwald, in denen die Bewirtschaftung vollständig eingestellt ist, so dass die Bäume dort auch einer Alterungs- und Zerfallsphase unterliegen. Im Gebiet des Nationalparks Eifel hat es insgesamt drei Naturwaldzellen gegeben, die ab den 1970er Jahren eingerichtet wurden: auf dem Kermeter die Parzellen „Schäferheld“ und „Wiegelskammer“ und im Dedenborner Wald die Parzelle „Im Brand“ mit insgesamt etwa 50 ha Fläche. Von hier aus können sich die typischen Tiere und Pflanzen dieser Lebensräume im Verlauf des Rückbaus zum Naturwald über den gesamten Nationalpark ausbreiten.

Was alte Bäume von jungen unterscheidet, ist ihre stärkere Strukturhaftigkeit. So ist ihre Rinde nicht mehr glatt wie die der jungen Bäume. Vor allem alte Eichen zeigen eine besonders tiefe und rissige Oberfläche, die mehr Versteckmöglichkeiten für Insekten bietet als die junger Eichen. Alte Bäume beherbergen somit ein größeres Nahrungsangebot für Vögel wie Baumläufer, Kleiber oder den seltenen Mittelspecht.

Totholz mit Pilzen und Aufwuchs

Viele Flechtenarten wachsen ausschließlich auf alten Bäumen, deren Rinde eine ausreichend raue Oberfläche zum Festhalten besitzt. Häufig besiedeln auch andere Aufwuchspflanzen wie Moose die Rinde, gelegentlich auch Farne und Gräser. Zudem gibt es an einem alten Baum mehr Astgabeln, Verwachsungen und Verletzungen als an einem jungen, und damit natürliche Mulden, Spalten und Baumhöhlen, die von so genannten „Höhlenbrütern" wie der Hohltaube, Käuzen, Baumläufern, Kleibern, Kohlmeisen und anderen Vogelarten für den Nestbau genutzt werden.

Totholz ist immer von Pilzen durchdrungen, die das Holz im Laufe der Jahre zersetzen. Dadurch ist Totholz recht weich und gut aufzuhacken, weshalb sich die Bruthöhlen von Spechten als dunkle Löcher an den Stämmen aufreihen. Das Pilzgewebe selbst bleibt für das menschliche Auge meist unsichtbar, nur ihre Fruchtkörper sind häufig in der Form von Hüten oder Tellern außen an toten Stämmen zu erkennen.

Totholz ist der Lebensraum vieler Insekten *(Thema: Insekten im Totholz, S. 64)*. Zahlreiche Käferarten durchleben hier grabend und fressend ihre Larven- und Verpuppungsphase. Diese wiederum dienen vor allem den Spechten als Nahrungsgrundlage. Schwarzspecht und Grauspecht sind Spezialisten, die für ihre Ernährung ganzjährig Totholz als Nahrungsraum benötigen, während Bunt-, Mittel- und Kleinspecht auch andere Nahrungsgründe nutzen können *(Thema: Der Mittelspecht, S. 66)*. Doch nicht nur Vögel machen Jagd auf die fetten Maden im Holz, auch Schlupfwespen sind ihre Feinde. Das Totholz besitzt ein besonders großes und weit verzweigtes Beziehungsnetz unter den Waldbewohnern. Ihm kommt dadurch eine außerordentlich bedeutende ökologische Rolle zu.

Insekten im Totholz

Eine hübsche Käferart, die recht häufig im Totholz zu finden ist, ist der Rothaarbock *(Pyrrhidium sanguineum)* mit roten, behaarten Flügeldecken. Die Weibchen paaren sich im Frühling und Sommer und legen anschließend Eier in die Ritzen der Eichenrinde ab. Aus ihnen schlüpfen die Larven und fressen sich tiefer ins modernde Holz. Sowohl die Pilzfäden, die das Holz durchziehen, als auch das Holz selbst dienen der Larve als Nahrung.

Die Larve wächst im Verlauf des Sommers heran und nagt sich im Herbst eine Puppenwiege, einen größeren Hohlraum etwas tiefer im Holz, in dem sie überwintert. Im Frühling verpuppt sie sich und schlüpft wenige Wochen später. Der Käfer bleibt noch so lange in seiner Puppenwiege, bis die Witterungsbedingungen günstig sind und nagt sich dann einen Weg ins Freie – falls er seine Entwicklung überlebt. Denn er könnte vorher auch einem Specht zum Opfer fallen oder einer Schlupfwespe, z. B. der Ephialtes mesocentrus.

Schlupfwespen haben sich im Verlauf der Evolution darauf spezialisiert, Puppen im Totholz als Nahrungsquelle für ihren eigenen Nachwuchs zu verwenden. Sie sind mit den Bienen, Wespen und Hummeln verwandt. Die Weibchen besitzen aber keinen Gift-

Oben: Puppe des Rothaarbocks

Mitte: Schlupfwespe beim Eierlegen

Unten: erwachsene Form des Rothaarbocks

stachel, sondern einen langen Legebohrer, den sie in einer umhüllenden Scheide fortgestreckt hinten am Körper tragen. Ihn stoßen sie durch das Holz in eine Puppenwiege *(Bild Mitte links, die Scheide steht steil nach oben, der Bohrer steckt bis zum Anschlag im Holz)* und legen ein Ei in die Kammer. Daraus schlüpft eine kleine Larve, die die Puppe des Käfers annagt und sich zunächst von dessen Körpersäften ernährt. Sie wächst heran und frisst das Innere der Puppe schließlich ganz auf. Mit den angefressenen Reservestoffen kann sie sich nun verpuppen und ihre eigene Entwicklung bis zum erwachsenen Insekt durchlaufen.

Durch die zahlreichen genagten Gänge eines toten Stamms kriecht die Larve des zweifleckigen Zipfelkäfers *(Malachius bipustulatus)* auf der Suche nach organischen Resten, die von geschlüpften Käfern und parasitischen Schlupfwespen zurückgelassen wurden. Diese Art übernimmt die Entsorgung der Überbleibsel, setzt mit ihnen Reservestoffe an, verpuppt sich und schlüpft im Frühjahr. Die Käferart, die in diesem Fall aus der Puppenwiege schlüpft, ist eine ganz andere, als die, die sie einst anlegte. Totholz hat sein eigenes, weil verzweigtes und artenreiches Nahrungsnetz, aus dem mit den drei vorgestellten Insektenarten nur ein kleiner Ausschnitt gezeigt werden konnte.

Oben: Larve der Schlupfwespe frisst an der Puppe des Rothaarbocks

Mitte: Larve des Zweifleckigen Zipfelkäfers zwischen Resten

Unten: erwachsene Form des zweifleckigen Zipfelkäfers

Der Mittelspecht

Der Mittelspecht *(Dendrocopos medius)* trägt seinen etwas merkwürdigen Namen, weil er etwas kleiner ist als der eng verwandte, etwa amselgroße Buntspecht *(Dendrocopos major)*, aber größer als der spatzenartige Kleinspecht *(Dendrocopos minor)*. Alle drei Spechtarten haben eine ähnliche Färbung: sie sind schwarz-weiß und zumindest die Männchen tragen eine rote Kopffärbung. Die drei Arten unterscheiden sich zwar nicht auffällig in ihrem Aussehen, dafür aber umso ausgeprägter in ihren Lebensansprüchen. Unter ihnen ist der Mittelspecht ein selten vorkommender und anspruchsvoller Spezialist des Urwaldes.

Roter Scheitel, schwarzes Rückendreieck – Mittelspecht

Gegenüber oben: roter Scheitel, weißes Rückendreieck – Kleinspecht

Gegenüber unten: schwarzer Scheitel, schwarzes Rückendreieck – Buntspecht

Der Buntspecht kommt häufig in unseren Wäldern vor und besiedelt auch dichtere Baumbestände in Gärten und Stadtparks. Man kann ihn leicht dabei beobachten, wie er mit seinem Schnabel das Holz aufhackt, um Larven von Käfern, Wildbienen oder Wespen im Holz ausfindig zu machen und sie anschließend mit seiner langen, klebrigen Zunge aus ihren Gängen herauszuholen. Das Hacken erfordert bestimmte Anpassungen im Körperbau, andernfalls würde es unweigerlich zu Gehirnerschütterungen führen. Als typischer „Hackspecht“ verfügt der Buntspecht über eine elastische Verbindung zwischen Kopf und Schnabel, die als Stoßdämpfer fungiert. Weiterhin sind die Schädelknochen wesentlich stabiler als bei anderen Vogelarten und eine spezielle Pufferschicht bewahrt das Hirn davor, bei den Stößen gegen die Schädeldecke zu prallen. Derartig ausgestattet, hat der Buntspecht keine Probleme damit, Holz aufzumeißeln oder sein rasendes Balztrommeln im Spätwinter hören zu lassen. Ähnlich gut angepasst ist der Kleinspecht.

Dem Mittelspecht fehlen diese Anpassungen weitgehend, weshalb er nur höchst selten trommelt oder bei der Nahrungssuche Holz aufmeißelt. Er ist ein typischer „Such- und Stocherspecht“, der mit seinem zierlicheren Schnabel – wie mit einer Pinzette – geschickt

Insekten und Spinnen aus tiefborkiger Rinde herausklaubt. Doch nur alte Baumstämme, und hier vor allem die Eichen, besitzen eine Rinde mit ausgeprägtem Relief, die einer ausreichenden Menge von Insekten Versteckmöglichkeiten bietet. Der Mittelspecht benötigt für sein Überleben einen hohen Anteil alter und toter Bäume in seinem Revier *(Thema: Altholz und Totholz, S. 62).* Da in unseren Wirtschaftswäldern die Bäume vor dem Altwerden und Absterben gefällt werden, ist er wegen des Mangels an solchen Nahrungsgründen in der Regel dort nicht überlebensfähig.

Weil der Mittelspecht ausschließlich auf Insekten spezialisiert ist, ist er empfindlich gegen harte Winter. Auch hier ist er nicht so konkurrenzfähig wie der häufige Buntspecht, der bei Nahrungsknappheit auf vegetarische Kost umsteigen kann.

Der Mittelspecht ist aus diesen Gründen eine seltene Art. Die Anzahl der Brutpaare wird in Mitteleuropa auf nur 35 000 geschätzt, die Schätzungen für Deutschland schwanken zwischen 7 600 und 12 100 Brutpaaren. Deutschland beherbergt europaweit den größten Anteil dieser seltenen Spechtart und trägt daher eine besondere Verantwortung für ihren Erhalt. Die Population im Nationalpark Eifel wird auf etwa 32 Brutpaare geschätzt, eine Zahl, die sich mit der fortschreitenden Umwandlung und Alterung des Waldes weiter erhöhen wird *(Thema: Die Zukunft des Waldes, Tour 3, S. 80).*

Überlauf und Wehr an der Talsperre Schwammenauel

Der Rursee

Größter Stausee der Region und der zweitgrößte Deutschlands ist der Rursee. Er gehört zu einem Komplex mehrerer Talsperren, die die Rur und ihren Nebenfluss Urft in unmittelbarer Folge aufstauen. Das älteste Bauwerk dieser Art ist die Urftstaumauer, die 1905 fertiggestellt wurde. Mehrere Jahrzehnte nach ihrem Bau begann der Wasserverband Schwammenauel, an dem die Rurtalsperrengesellschaft, der Wasserverband Obermaubach, das Wasserwerk des Kreises Aachen sowie die damaligen Kreise Düren, Schleiden, Jülich, Geilenkirchen-Heinsberg und Erkelenz finanziell beteiligt waren, mit dem Bau der Rurtalsperre. Die erste Ausbaustufe erfolgte 1934 bis 1938. Am Gutshof Schwammenauel in der Nähe von Heimbach wurde ein 55 m hoher Erddamm mit Betonsockel errichtet. Der Stausee sollte in erster Linie dem Hochwasserschutz und der Energieerzeugung dienen sowie Industriewasser für Düren bereitstellen. Insgesamt konnten 100,7 Mio. m^3 Wasser gespeichert werden. In den Jahren 1934 bis 1937 wurde zusätzlich ein kleiner Damm am Paulushof in Rurberg errichtet. Mit seiner Höhe von 14 m über dem Talboden staute er den so genannten „Obersee" auf, der ein Fassungsvermögen von 1,73 Mio. m^3 besaß. Der Obersee war somit von den Wasserspiegelschwankungen des eigentlichen Stausees Schwammenauel unabhängig und weist bis heute eine konstante Wasserführung auf. Die Wasserfläche war nun 493 ha groß und reichte bis kurz unterhalb von Einruhr und ca. 2 km ins untere Urfttal hinein.

1955 bis 1959 erfolgte die zweite Ausbaustufe des Rursees. Der Staudamm Schwammenauel wurde bis zu einer Kronenhöhe von 72 m aufgestockt. Mit dem Stauziel von 281,5 m über NN können heute 205 Mio. m³ Wasser gespeichert werden. Auch der Paulushof-Damm wurde erhöht. Der Obersee diente seither zusätzlich als Trinkwasserspeicher. Der Wasserspiegel stieg noch einmal um 16 m und bildet bei Vollstau – was allerdings sehr selten vorkommt – eine einzige Wasserfläche mit dem Obersee, die bis zum Urftsee reicht. Über einen Stollen ist der Obersee mit der Kalltalsperre bei Lammersdorf verbunden, die ebenfalls zur Trinkwassergewinnung dient. Von dort geht ein weiterer Stollen zur Dreilägerbachtalsperre bei Roetgen, wo sich ein Wasserwerk mit einer Wasseraufbereitungsanlage für den Raum Aachen befindet. Unterhalb der Talsperre Schwammenauel liegt das Staubecken Heimbach. Mit lediglich 1,2 Mio. m³ Fassungsvermögen ist es eines der kleinsten Sperrwerke der Region. Es wurde 1934/35 errichtet und besitzt eine Gewichtsstaumauer aus Beton. Das Becken dient in erster Linie dem Wochenausgleich der Rur.

Mittlerweile hat sich der Rursee zu einer besonderen touristischen Attraktion in der Region entwickelt. Zwischen April und Oktober verkehrt die Rurseeflotte mit ihren Passagierschiffen auf dem Ober- und Hauptsee. Zudem ist Segeln ein beliebter Wassersport auf dem Rursee.

Bootsanlegestelle des Staudamms Schwammenauel

Vermutlich mittelalterlich: Mauerreste auf dem Tonsberg

Historische Siedlungsreste

Mit viel Glück und bei extrem niedrigem Wasserstand findet man gelegentlich im Schiefer des Rurseeufers kleine Tonscherben, die von ehemaligen römischen Siedlungsstellen stammen. Hier im oberen Rurtal gab es mehrere belegte römische Siedlungsplätze, die sich wie Perlen an einer Schnur entlang eines alten Weges an der Rur aufreihten. An allen alten Hofplätzen wie Eschauel, Morsauel oder Weidenauel hatten bereits zur Römerzeit Gebäude gestanden. Allerdings besteht kein Nachweis der Siedlungskontinuität. Wahrscheinlich sind die Standorte im Laufe der Zeit wüst gefallen und erst im Mittelalter neu besiedelt worden. In Eschauel fand man Fundamente eines römischen Hofes sowie Stücke von Handmahlsteinen, Gefäß- und Ziegelscherben. Auch eine römische Graburne ist in der Nähe entdeckt worden. Zwischen Woffelsbach und Eschauel sind auch Reste von Rennöfen, möglicherweise Rennöfen zur Eisenschmelze, Münzen und sogar eine Jupitersäule gefunden worden.

Bei der in den Eifelvereinskarten als „Römische Befestigung" ausgewiesenen Burgwüstung Thonsburg auf einem Felsgrat, der gegenüber dem Staudamm Schwammenauel in den See ragt, konnte allerdings ein römischer Ursprung bislang nicht nachgewiesen werden. Die hier noch sichtbaren Mauerreste stammen wahrscheinlich von einer mittelalterlichen Befestigung.

Erst im Spätmittelalter und in der frühen Neuzeit setzte wieder eine Besiedlung des Rurtals ein. Neben den Stellen, an denen schon zur Römerzeit Höfe gestanden hatten, entstanden einige wenige neue Hofstellen. Zu nennen sind rurabwärts der Weiler Pleushütte, einige Höfe des Ortes Einruhr, der Hof Paulushof, der Rurberger Ortsteil Breuershof, der Weiler Weidenauel, einige Gebäude von Woffelsbach, die Schilsbacher Mühle, Hof Morsauel, der Weiler Eschauel und der Bremerthaler Hof.

Bereits mit der ersten Ausbaustufe der Rurtalsperre in den 1930er Jahren *(Thema: Der Rursee, S. 68)* waren etwa 300 ha Kulturland überschwemmt worden. Allerdings mussten nur 35 Gebäude aufgegeben werden, da der Talboden der Rur aufgrund der Überschwemmungsgefahr nur gering besiedelt war und die Hauptorte entweder am Hang (z. B. Rurberg, Woffelsbach und Einruhr) oder auf der Hochfläche des Monschauer Landes liegen. Es waren daher nur tief gelegene Wohnplätze der oben genannten Orte bzw. die Einzelhöfe, die den Fluten zum Opfer fielen. Heute erinnern nur noch Flurnamen an diese Stellen. Die Bewohner wurden entweder in die umliegenden Dörfer umgesiedelt, wanderten aus oder bauten neue Häuser oberhalb der Staumarke. In Eschauel beispielsweise sind neue Gebäude, in erster Linie Wochenendhäuser, erst nach dem Zweiten Weltkrieg entstanden. Auch der zwischen Woffelsbach und Eschauel am Seeufer gelegene Wildenhof ist eine Nachkriegsgründung. Hier betreibt die Technische Hochschule Aachen eine Segelschule.

1994 sichtbar bei Einruhr nach Trockenlegung des Rursees: Fundamente einer ehemaligen Pumpstation der Burg Vogelsang. Das Trinkwasser wurde von hier zunächst zur Aufbereitung nach Sauermühle gepumpt, dann von dort zum Wasserturm nach Vogelsang

Schieferbrüche und Fledermäuse

Durch das Wüste- und Püngelbachtal

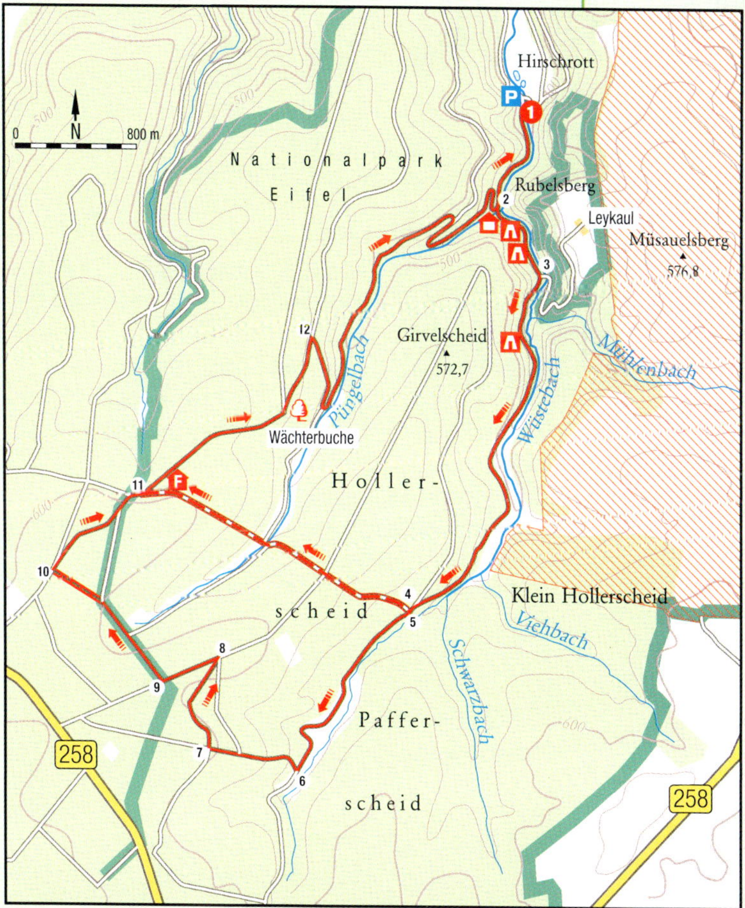

Schwierigkeitsgrad: mittel bei Abkürzung, anspruchsvoll wegen der Gesamtlänge

Gegenüber: der Wüstebach

Nebenbach mit Totholz

Anfahrt mit ÖPNV:

- von Monschau Linie 63 und 83 nach Erkensruhr/Finkenauel. Fahrzeiten im Nationalpark-Fahrplan (ab Frühjahr bei Verkehrsunternehmen und Touristinformationen der Region erhältlich).

Anfahrt mit dem Pkw:

- aus Richtung Aachen B258 bis Roetgen–Lammersdorf–Rollesbroich–Kestenich, dort auf die B266 bis Einruhr, Abzweig Erkensruhr/Hirschrott
- aus Richtung Köln/Düren B399 bis Simmerath, dort auf die B266 bis hinter Einruhr, Abzweig nach Erkensruhr/Hirschrott
- aus Richtung Euskirchen B266 bis Mechernich–Kommern–Gemünd–Einruhr, kurz vor Einruhr Abzweig nach Erkensruhr/Hirschrott

Parkmöglichkeit: Wanderparkplatz am Ende der Straße in Hirschrott

Anfahrt zum Parkplatz: Sie können in Erkensruhr Ortsmitte parken und Ihre Wanderung bereits in dem idyllischen Ort beginnen oder bis zum Ende der Straße im Ortsteil Hirschrott durchfahren.

Ausgangspunkt: Wanderparkplatz am Ende der Straße in Hirschrott

Wegmarkierungen: teilweise ohne, teilweise Wegmarkierungen des Eifelvereins oder Eifelsteig

Tourenlänge: volle Strecke 14,75 km, Abkürzung 9,5 km

Wanderzeit: ca. 4–4,5 Stunden, Abkürzung ca. 2,5–3 Stunden

Einkehrmöglichkeiten: unterwegs keine; Gaststätten und Cafés in Hirschrott, Erkensruhr und Einruhr

Besondere Hinweise:

- Voraussichtlich ab dem Jahr 2006 wird es eine Wegeneuordnung im Nationalpark Eifel geben. Sie sind an die dann geltende Wegeführung gebunden, falls diese von der hier beschriebenen Wegeführung abweicht. Beachten Sie bitte die entsprechenden Hinweise.
- Festes Schuhwerk ist wegen einiger feuchter Abschnitte ratsam, nach oder während Regenperioden auch Gummistiefel.

Empfohlene Jahreszeit: Frühling bis Herbst, insbesondere April zur Narzissenblüte und Anfang Juni zur Bärwurzblüte

Streckenverlauf

◆ (1) Vom Parkplatz wandern Sie auf der Waldwirtschaftsstraße weiter in den Wald, passieren am Ende einen Wendeplatz und folgen der Erkensruhr talaufwärts. An einer Weggabelung nach 750 m (Schutzhütte) kommen Sie an den Zusammenfluss von Püngelbach und Wüstebach, die ab hier talabwärts die Erkensruhr bilden. Von rechts mündet Ihr Rückweg ein.

◆ (2) Sie folgen nach links an der Schutzhütte vorbei weiter dem fest geschotterten Waldwirtschaftsweg ins Wüstebachtal mit der Ausschilderung „Leykaul", WW21 und Eifelsteig für insgesamt 750 m. Nach 200 m sehen Sie rechts am Weg hinter einem gemauerten Türrahmen den ersten verschlossenen Schieferstollen *(Themen: Schieferabbau im Monschauer Land, S. 84, Schiefergruben im Wüstebachtal, S. 85)*. 100 m weiter finden Sie rechtsseitig einen zweiten „fledermausgerecht" vergitterten Stollen *(Thema: Fledermäuse S. 86)*. Am gegenüberliegenden Bachufer haben Sie hier und etwa 50 m weiter einen Blick auf eine hohe, ehemalige Schieferhalde, von der eine alte Furt durch den Bach zum Weg führt. Etwa 100 m dahinter biegen nach rechts zwei Wege ab. Sie können bei einem Abstecher (hin und zurück 100 m) über den rechten Weg nach 50 m linksseitig einen weiteren Stollen sehen. Nach der Rückkehr folgen Sie dem Wüstebach weiter talaufwärts, bis kurz vor einer Brücke ein Weg mit einer Schranke abzweigt.

Erlenaue des Wüstebachs

◆ (3) Sie biegen auf den untergeordneten, bewachsenen und beschrankten Weg nach rechts ein, der trotz irreführender Beschilderung der WW21 und Eifelsteig ist und folgen diesem für insgesamt 3 km weiter entlang des Wüstebachs. Der Weg erhebt sich langsam über den Bachlauf, was den Kerbtalcharakter sehr deutlich erkennen lässt, und verschmälert sich streckenweise zum idyllischen Fußpfad. Rechts des Weges treten die offenen Schieferfelsen zutage *(Thema: Der geologische Untergrund im Nationalpark, Tour 6, S. 142).* Nach etwa 600 m kommen Sie an einem weiteren, fledermausgerecht vergitterten Stollen vorbei. Einen Abzweig nach rechts nach weiteren 1,4 km lassen Sie unbeachtet. Nach einem weiteren Kilometer mündet der Weg schließlich auf einen übergeordneten Waldwirtschaftsweg.

◆ (4) Auf diesen biegen Sie nach links ein und folgen ihm für 50 m. An der Wegekreuzung müssen Sie sich entscheiden, ob Sie die Abkürzung oder die volle Strecke wandern.

Typische Pflanze in Schluchtwäldern: Hainsternmiere

Im Juli auf offenen Talwiesen: Arnika

Abkürzung:

◆ (5) Sie biegen nach rechts auf den WWA5 ein und folgen ihm für insgesamt 1 km. Der Weg führt steil bergan durch Fichtenhochwälder *(Thema: Die Zukunft des Waldes, S. 80)*. Untergeordnete Wege nach rechts und links lassen Sie unbeachtet. In diesem Waldstück gibt es abseits der Wege historische Meilerplatten *(Thema: Die Herstellung von Holzkohle, Tour 7, S. 166)*. An der Wegekreuzung nach 600 m verlassen Sie den WWA5 und halten sich für weitere 400 m geradeaus, jetzt auf dem Matthias-Wanderweg WW6. Sie queren nach 1 km das Püngelbachtal an einer Weiheranlage und folgen dem Weg ungeachtet einmündender untergeordneter Wege bis zu einem Werksgebäude des Forsthauses „Rothe Kreuz“.

◆ (11) Auf die querende Forststraße biegen Sie nach rechts zum Forsthaus „Rothe Kreuz“ ab. Lesen Sie bitte weiter bei „Gemeinsamer Rückweg“.

Volle Strecke:

◆ (5) Sie folgen dem WWA5 über 1,5 km weiter geradeaus durch das Wüstebachtal *(Thema: Wüste- und Püngelbachtal, S. 88)*. Nach anfänglicher Bewaldung öffnet sich das Tal zunehmend und zeigt sich mit seinen Feuchtwiesen, Quellhorizonten und lokal dichten Narzissenbeständen *(Themen: Die Gelbe Narzisse, S. 90, Der Feuersalamander, S. 91)*. Eine abgehende Schneise in einer Spitzkehre lassen Sie unbeachtet, bis an einer (etwas versetzten) Wegekreuzung die Wanderwege A2 und A5 nach rechts abzweigen.

◆ (6) Sie biegen auf den Abzweig nach rechts ein und folgen ihm über 600 m durch Fichtenhochwälder *(Thema: Die Zukunft des Waldes, S. 80)* bergan. Einen kreuzenden untergeordneten Weg lassen Sie unbeachtet, bis der Weg an einer Kreuzung auf einen gleichwertigen Weg mündet.

◆ (7) Sie biegen nach rechts ab, verlassen WWA2, A5 und folgen dem Weg über 750 m bis zur Kreuzung.

◆ (8) Hier biegen Sie wieder auf den schnurgeraden WWA5 nach links ein und folgen ihm für 500 m.

◆ (9) Vor einer Schranke biegen Sie am nächsten Abzweig mit dem WWA1 nach rechts auf einen untergeordneten Weg in das Püngelbachtal ab und folgen diesem über die Talsohle hinweg für insgesamt 1 km. Einen nach rechts abzweigenden Fußpfad nach 450 m, einen gleichwertigen Weg nach weiteren 50 m sowie einmündende Schneisen lassen Sie unbeachtet.

◆ (10) Wo Ihr Weg auf einen Wegestern mündet, nehmen Sie die erste Forststraße nach rechts und folgen ihr für 750 m. Einmündende untergeordnete Wege lassen Sie unbeachtet.

Gefasster Stolleneingang

Fledermaus-gerecht vergittert: historischer Schieferstollen

◆ (11) Kurz hinter der Einmündung einer Forststraße von links kommen Sie an einen Rastplatz mit Hütte. Von hier aus haben Sie einen Blick auf die große, idyllische Lichtung mit dem Forsthaus „Rothe Kreuz". Den nach rechts abzweigenden Weg (einmündende Abkürzung) lassen Sie unbeachtet und folgen der Straße geradeaus am Forsthaus vorbei.

Gemeinsamer Rückweg:

◆ (11) Etwa 1 km hinter dem Forsthaus treffen Sie rechtsseitig auf die Wächterbuche, eine markante, überwiegend abgestorbene Altbuche *(Themen: Altholz und Totholz, Tour 2, S. 62, Insekten im Totholz, Tour 2, S. 64)*. Ihr gegenüber lassen Sie den abzweigenden, untergeordneten Eifelvereinsfernwanderweg unbeachtet. 500 m weiter zweigt an einer Rasthütte (links) und an einem Wegekreuz (rechts) eine Forststraße nach rechts ab.

◆ (12) Auf diese biegen Sie nach rechts ein und folgen ihr durch Buchenmischwald, in dem Sie im Frühling ein vielstimmiges Vogelkonzert hören können *(Thema: Vögel im Naturwald, Tour 5, S. 130)*. Einmündende untergeordnete Wege in den Serpentinen lassen Sie unterwegs unbeachtet. Die Straße führt in Serpentinen über 3 km zurück zum Zusammenfluss von Püngel- und Wüstebach.

◆ (2) Auf den Talweg des Wüstebachs biegen Sie nach links ein und folgen der Straße über 750 m zurück zum Parkplatz.

Die Zukunft des Waldes

Mit der Einrichtung des Nationalparks Eifel hat die Umwandlung der bestehenden Wirtschaftswälder *(Themen: Die Geschichte des Waldes, Tour 1, S. 38, Der Wald im Ist-Zustand, Tour 2, S. 60)* zum Naturwald begonnen. Die Umbauphase wird Jahrzehnte, der noch folgende Entwicklungsprozess Jahrhunderte benötigen. Ab 2004 werden Maßnahmen ergriffen, die die Entwicklung in die natürliche Richtung fördern und stützen. Ein vollständiger Umbau der naturfernen Flächen ist nicht notwendig, da viele der standortfremden Bäume bei entsprechender Initialbehandlung in relativ „kurzer" Zeit von selbst von standortgerechten Arten verdrängt werden können.

Stilllegung:

Als erste Maßnahme wurde bereits ab 2001 der Holzeinschlag in den Laubwäldern eingestellt. Diese Stilllegung der bestehenden Waldflächen bewirkt, dass mehr alte und tote Bäume entstehen *(Themen: Altholz und Totholz, Tour 2, S. 62, Vögel im Naturwald, Tour 5, S. 130, Der Mittelspecht, Tour 2, S. 66).*

Fördert die Bildung von Alt- und Totholz: Stilllegung von Wirtschaftswald

Ungefähr die Hälfte der Fläche des Truppenübungsplatzes besteht gegenwärtig aus Offenflächen, die von Schafherden beweidet werden. Der größere Teil von ihnen wird stillgelegt, wegen der Sozialverträglichkeit für die betroffenen Schäfer aber erst mittel- bis langfristig. Dann werden sich hier zunächst Büsche, später auch Bäume ansiedeln, und ganz junger, natürlicher Wald entsprechend der vorhandenen Boden- und Klimabedingungen wird entstehen. *(Themen: Der Truppenübungsplatz auf dem Weg zur Naturlandschaft, Tour 4, S. 104, Die Zukunft der Offenflächen, Tour 4, S. 108).* Die Stilllegung der Laubholz- und Offenflächen führt den Wald langfristig in sein natürliches Gleichgewicht des Werdens und Vergehens zurück.

Waldumbau:

Vor allem entlang der Bäche werden die Fichten abgeholzt und die Ufer mit Erlen als natürlicher bachbegleitender Baumart initial bepflanzt. Reinbestände an Nadelhölzern gibt es vor allem in den höheren südlichen Lagen, wo mehr Niederschläge fallen, wie im Dedenborner und Monschauer Bereich, den Sie mit Tour 3 durchwandern. Diese Bereiche werden „durchforstet". Dabei schlagen die Förster einzelne Bäume, so dass in den Lücken Licht auf den Waldboden fällt und der Samen von Laubbäumen, der hier ausgebracht wird, unter dem Schutz des Fichtenhochwaldes austreiben und heranwachsen kann. Auf diese Weise entstehen zunächst strukturreiche Mischwälder. Der verbleibende Fichtenhochwald, der zunächst als Schutzschirm dient, kann nach einigen Dekaden geschlagen werden.

Mit der Durchforstung werden Kahlschläge vermieden, die den derzeit hier lebenden Pflanzen und Tieren über eine lange Periode ihren Lebensraum entziehen würden. Die Durchforstung ist eine Maßnahme des schonenden Waldumbaus, die den Zielen des Nationalparks eher gerecht wird.

Waldumbau: junge Laubbäume unter Fichtenhochwald

Charakteristisches Waldgras: Weiße Hainsimse

Buchenwälder

Neben den Eichenwäldern *(Thema: Eichenwälder, Tour 1, S. 42)* sind Buchenwälder gegenwärtig die zweite dominierende Waldform im Nationalpark Eifel. Als Reinbestände oder Mischwälder machen sie 24% der derzeitigen Waldfläche aus. Durch Umbaumaßnahmen wird sich ihr Anteil zu Lasten der fast die Hälfte einnehmenden Nadelwälder in der Zukunft noch stark vergrößern.

Buchen wachsen besonders gut an Standorten mit luftfeuchtem Klima, die zudem noch das richtige Maß an Niederschlägen erhalten: nicht trocken, aber auch nicht wirklich feucht. „Frisch" nennen die Fachleute solche Standorte. Das Bodenwasser ist hier in ausreichender Menge vorhanden, darf sich aber nicht im Boden stauen. Andernfalls können andere Baumarten wie Bergahorn, Traubenkirsche oder Esche besser konkurrieren, wie zu den Talauen hin. Auf den trockenen Standorten wie auf felsigem Untergrund, wo die dünne Bodendecke nur ganz wenig Wasser speichern kann, oder an Südhängen mit ihrer hohen Sonneneinstrahlung setzen sich hingegen Eichen durch.

Buchenwälder finden Sie überwiegend an Nordhängen, die durch ihre Schattigkeit „frisch" bleiben. Enge, schluchtartige Täler bieten ebenfalls gute Lebensbedingungen. Buchen sind unabhängig vom pH-Wert des Bodens. Sie können auf basischen, neutralen und sauren Böden gut wachsen. Auf den tiefgründigeren, zum Neutralen tendierenden Böden im Nationalparkgebiet können Sie unter Buchen Waldmeister in größeren Beständen finden. Weiter verbreitet sind saure Böden, auf ihnen finden Sie als typisches Waldgras die Weiße Hainsimse.

Buchen erreichen Höhen von 30–35 m, in seltenen Fällen auch mehr. Die glatte, silbergraue Rinde lässt die Stämme wie Säulen erscheinen; zusammen mit dem oft spärlichen Unterwuchs spricht man von „Hallenwäldern". Die Blätter sind eiförmig, ganzrandig und kurz gestielt. Die dreikantigen braunglänzenden Bucheckern sitzen zu zweit in einem vierlappigen, stacheligen Fruchtbecher. Alle

5–8 Jahre gibt es ein „Buchenjahr“, in dem die Buchen sehr reichlich Früchte tragen. Bucheckern sind etwa 15–20% Ölanteil sehr nahrhaft und wurden früher zur Tiermast verwendet *(Thema: Die Geschichte des Waldes, Tour 1, S. 38).*

Buchen produzieren viel Laub: um 900 g pro m^2 und Jahr. Dadurch entsteht viel Humus, der den Waldboden fruchtbar hält. Die Wurzeln dringen in tiefere Bodenschichten vor, was Austauschprozesse in Gang setzt und Bodenlebewesen wie Käferlarven oder Würmer anzieht, die den Boden lockern und Durchlüftung ermöglichen. Die Buche sorgt auf diese Weise für einen guten Waldboden, daher wird sie auch „Mutter des Waldes“ genannt.

Buchen- und Buchenmischwälder bieten einer Vielzahl von Tieren Heimat; Schätzungen belaufen sich auf etwa 7 000 verschiedene Arten. Unter ihnen befinden sich viele Zersetzer, die im Boden und in der Streuschicht für die Zersetzung des Laubes zu Humus sorgen: Springschwänze, Hornmilben, Asseln, Fadenwürmer und Tausendfüßler. Wegen ihres steten und feuchten Innenklimas können Buchenwälder bis zu 70 Schneckenarten beherbergen. Die Anzahl der Insektenarten wird auf etwa 5 000 geschätzt, wohingegen die Wirbeltiere, zu denen Säuger wie Rothirsch oder Waldmaus sowie die Vögel gehören, nur etwa 100 Arten ausmachen *(Thema: Vögel im Naturwald, Tour 5, S. 130).*

Buchenzweig mit Blütenkätzchen und jungen Blättern

Die Monschauer Dachlandschaft aus Schiefer

Schieferabbau im Monschauer Land

Die ersten Belege im Monschauer Land über die Deckung von Dächern mit Schiefer stammen aus den Jahren 1502/3 bzw. 1507/8. Dabei ist anzunehmen, dass es sich um Gebäude wohlhabender Bürger gehandelt hat, da die bäuerliche Bevölkerung ihre Häuser mit Stroh eindeckte. Zum einen war Schiefer teures Material, zum anderen hätte die dünne Zimmerung der Bauernhausdächer die schwere Steinlast nicht tragen können. Der erste Beleg über Schieferabbau stammt aus dem Jahr 1603. Wahrscheinlich handelte es sich um Gruben im Bereich des Wüste- bzw. Püngelbachs. Bis zum 19. Jh. haben an mehreren Stellen im Monschauer Land Dachschieferbrüche existiert, u. a. in Monschau unterhalb der Burg und bei Dreistegen, in Leykaul bei Kalterherberg, im Tiefenbachtal bei Huppenbroich und bei Roetgen. Der Name „Ley" bezeichnet im Rheinland einen Felsen, insbesondere Schieferfelsen, und kommt relativ häufig auch als Ortsbezeichnung „Leykaul" oder in Familiennamen wie „Leyendecker" (Schiefer-Dachdecker) vor.

Die Schieferbrüche wurden im 18. und 19. Jh. von Unternehmern betrieben, die mehrere Arbeiter, häufig Fachleute aus den französischen Ardennen, beschäftigten. Noch heute ist der Familienname Dardenne oder Dartenne (französisch: „d'Ardenne" oder „des Ardennes" = aus den Ardennen) in der Eifel geläufig.

Die Männer gruben den Schiefer in Stollen ab und verarbeiteten ihn bereits vor Ort zu gebrauchsfertigen Platten von unterschiedlicher Größe, Sortierung und Preislage, die im Rheinland und bis in die Niederlande verkauft wurden. Die Arbeit war schwer und nicht ungefährlich. Gelegentlich kam es zu Einstürzen der Stollen oder zu anderen Unglücksfällen. Heute wird Dachschiefer in der Eifel nur noch im Raum Mayen im Stollenbergbau gewonnen.

Schiefergruben im Wüstebachtal

Die wohl ersten Schieferstollen im Monschauer Land haben sich im Bereich des Wüste- und Püngelbachs befunden, wie eine Forstmeisterrechnung aus dem Jahr 1603/4 vermuten lässt. Schieferabbau in größerem Umfang begann vor Ort 1791, als der Schultheiß und Friedensrichter Johann Joseph de Berghes aus Monschau hier Land kaufte und kurze Zeit später bereits Abgaben aus den Schieferbrüchen zahlen musste. Unter anderem hatte er französische Facharbeiter angestellt. 1825 verkaufte die Familie de Berghes die Stollen an einen dieser Fachleute, den Leygrubenmeister Dardenne. Wahrscheinlich beschäftigte dieser mehrere Arbeiter, die in der Woche in einfachen Holzbaracken vor Ort wohnten und am Wochenende zu ihren Familien in die umliegenden Dörfer gingen. Dardenne selbst muss zwischen 1825 und 1850 – dem Jahr der Ersterwähnung – das Anwesen Leykaul oberhalb des Tals erbaut haben. Heute befinden sich hier noch ein bewohnter Hof und mehrere Wochenendhäuser. Von dem ursprünglichen Dardenne-Hof sind nur noch Mauerreste übrig geblieben.

Über die geförderte und verarbeitete Dachschiefermenge ist leider nichts bekannt. Der Abbau ist immer wieder mit Unterbrechungen betrieben worden, zuletzt 1946 bis 1948 vom Bauunternehmer Becker aus Einruhr. Er beschäftigte sieben bis acht Leute. Sie brachen in den bis zu 50 m tiefen Stollen, in denen sich bis zu 7 m hohe Gewölbe befinden, erhebliche Mengen Dachschiefer für den Raum Schleiden und Roetgen. Unter anderem wurde die Kirche von Einruhr damit gedeckt. 1948 kam der Abbau endgültig zum Erliegen.

Schieferstollen

Große Horchmuscheln: Braunes Langohr

Fledermäuse im Nationalpark

Zu den faszinierendsten Lebewesen des Nationalparks gehören die Fledermäuse. Diese nachtaktiven Säugetiere orientieren sich durch Echoortung, mit der sie noch Tiere von der Größe einer Mücke bei völliger Dunkelheit aufspüren und fangen können.

Der Nationalpark beherbergt Arten, deren Lebens- und Nahrungsraum Wälder und Seen sind. Eine der Arten, die im Wüstebachtal vorkommen, ist das Braune Langohr *(Plecotus auritus)*, das mit 26–38 cm Spannweite zu den mittelgroßen Arten zählt. Ab Mai versammeln sich die Weibchen in so genannten Wochenstuben in Baumhöhlen. Dort bringen sie gemeinsam ihre Jungen – meist eines, manchmal auch Zwillinge – zur Welt. Die neugeborenen Jungen, nackt und blind während der ersten Tage, halten sich tagsüber an ihrer Mutter fest. Die Säugephase der Jungtiere dauert vier bis fünf Wochen, je nach den vorherrschenden klimatischen Verhältnissen. Die Männchen sind zu dieser Zeit Einzelgänger, die sich erst im Spätsommer wieder zu den Weibchen gesellen. Während als Sommerquartiere überwiegend Baumhöhlen bewohnt werden, halten die Tiere ihren Winterschlaf in den kühlfeuchten, aber stets über dem Gefrierpunkt temperierten Bergbaustollen. Um die langen Ohren vor Austrocknung zu schützen, werden sie im Winterschlaf unter die Flügel gefaltet.

Im Püngel- und Wüstebachtal wurden die alten Stollen abgesperrt, um den Fledermäusen ungestörte Sommer- und Winterquartiere zu bieten. Die Zugänge sind „fledermausgerecht" gestaltet: Durch die waagerechte Anordnung der Gitterstäbe können die Tiere unbeschadet mit ausgestreckten Flügeln hindurch gelangen.

Nicht ganz so große Ohrmuscheln wie das Braune Langohr trägt das Große Mausohr *(Myotis myotis)*. Mit bis zu 43 cm Spannweite ist es eine große Art. Das Große Mausohr jagt oft in Bodennähe bevorzugt Laufkäfer (viele Arten dieser Käfergruppe haben im Verlauf der Evolution ihre Flugfähigkeit eingebüßt), die die Fledermaus nach ihren Laufgeräuschen ortet und vom Boden aufnimmt. Doch auch

Mai- und Mistkäfer sowie Nachtfalter und Heuschrecken gehören zu ihren Beutetieren.

Die Wasserfledermaus *(Myotis daubentonii)* ist mit bis 27 cm Spannweite eine mittelgroße und ans Wasser gebundene Art. Sie jagt in großen Kreisen über der Wasseroberfläche der Stauseen und fängt mit ihren großen Hinterfüßen oder mit den Flügeln Insekten, die auf oder an der Wasseroberfläche sitzen.

Die Kleine Bartfledermaus *(Myotis mystacinus)* ist mit 22 cm Spannweite eine eher kleine Art. Sie jagt in Bodenhöhe oder mittlerer Höhe, meist kleine Insekten wie Mücken, Kleinschmetterlinge und Wasserinsekten.

Für die vorkommenden Arten und die Größe der Bestände der Fledermäuse im Nationalpark Eifel besteht noch viel Forschungsbedarf. Mit der fortschreitenden Zunahme von Alt- und Totholz im Laufe der kommenden Jahrzehnte und Jahrhunderte wird den Fledermäusen vermehrter Nist- und Ruheraum geboten. Daher ist mit einer Vergrößerung der vorhandenen Bestände und möglicherweise auch mit einer Zuwanderung neuer Arten zu rechnen.

Fledermaus-Schutzraum: vergitterter Stollen im Wüstebachtal

Der Wüstebach: Gebirgsbach im Schieferbett

Wüste- und Püngelbachtal

Über lange Strecken durchfließen die Bäche von Wüstebach und Püngelbach enge, schattige Kerbtäler mit schmaler Talsohle, die sich durch ein ausgeglichenes, kühles und feuchtes Klima auszeichnen. Die Pflanzen und Tiere, die hier vorkommen, sind an diese Lebensbedingungen angepasst.

In den steinigen, gewundenen Gebirgsbächen tummeln sich seltene Fischarten: Bachforellen, Groppen und Bachschmerlen ernähren sich von Insektenlarven, die sich unter den Steinen vor ihnen zu schützen suchen. Die Ufer werden von Prachtlibellen, Eintags- und Steinfliegen, Köcherfliegen und Bachhaften bevölkert, die ihrerseits auf dem Speiseplan von Waldvögeln oder der Gerandeten Jagdspinne stehen.

Wo das Licht es zulässt, sind die Steine im Bachbett oberhalb des Wassers mit dichten, dunkelgrünen Moosteppichen überzogen, die durch das ständige Spritzwasser der Wasserstrudel feucht bleiben.

Über weite Strecken sind die Talauen mit Bruchwäldern aus Erlen, Weiden und Birken bestanden, unter denen Flatter- und Knäuelbinse, Sumpfkratzdistel und Rasenschmiele zu finden sind. Sickerquellen fließen von den Hängen den Bächen zu. An ihren Rändern leuchten die gelb-grünen Sprosse des Milzkrauts. Die Waldhainsimse ziert mit ihren breiten, weißbewimperten Blättern ganze Abhänge.

Die Wegränder werden von Wald-Ziest, der quirlblättrigen Weißwurz, Wald- und Winkelsegge gesäumt. Hain-Stermiere und Silberblatt brauchen in diesem kühlen und feuchten Klima der Schluchtwälder ihre zarten Blätter nicht vor Austrocknung zu schützen. Auf

Felsvorsprüngen von Schieferwänden zeigt der Buchenfarn seine zierlichen Wedel.

Wo der Wald sich öffnet, liegen Feuchtwiesen mit Bachröhrichten und Hochstaudenfluren im Licht. Rohr-Glanzgras und Mädesüß bilden dichte Bestände, rosa Schlangen-Knöterich, leuchtend gelber Pippau und pinkfarbene Kuckucks-Lichtnelke beleben den grünbraunen Hintergrund mit Farbakzenten. Auf den vorgelagerten Wiesen wird das Frühjahr von Narzissen *(Thema: Die Gelbe Narzisse, S. 90)* eingeläutet. An trockeneren Bereichen der Hänge würzt die weiße Bärwurz den Sommer mit ihrem Sellerieduft und vereinzelt leuchtet gelbe Arnika durch das Wiesengrün.

Während die zwischen den Tälern liegenden Fichtenwälder langfristig umgebaut werden *(Thema: Die Zukunft des Waldes, S. 80)*, sollen die Talsohlen an den Oberläufen der Bäche kurzfristig von Fichten freigestellt werden. Die offenen Wiesen von Püngel- und Wüstebachtal gehören zu den wenigen Flächen im Nationalpark, die wegen ihrer ökologischen Wertigkeit als Kulturbiotope aus dem Prozessschutz herausgenommen und durch Mähen auch in der Zukunft offengehalten werden.

Bärwurzwiese im Püngelbachtal

Läutet den Frühling ein: Gelbe Narzisse

Die Gelbe Narzisse

Die Gelbe Narzisse *(Narcissus pseudonarcissus)* gehört zur Familie der Amaryllisgewächse. Die große, zweigeteilte Blütenkrone, der aus einer inneren Röhre und einem äußeren Kranz mit sechs gleichartigen Blütenblättern besteht, macht die Narzisse zu einer attraktiven Blume, die in Gärten auch als Zierpflanze gehalten wird. Zu Hunderttausenden läutet sie als natürlich vorkommende Wildpflanze in den grenznahen Bachtälern der Nordeifel den Frühling ein.

Mit ihrem Vorkommen auf den Bärwurzwiesen der Eifel stößt die Gelbe Narzisse an die östliche Grenze ihres natürlichen Verbreitungsgebietes. Sie ist an den Klimaeinfluss des atlantischen Ozeans angepasst, der mit 1 100 mm Niederschlag im Jahr ihr Vorkommen auf den hiesigen schweren Böden mit guter Wasserspeicherung ermöglicht.

Als ursprüngliche Waldpflanze blüht sie zwischen Mitte April und Anfang Mai unter dem noch fehlenden Laubdach der lichten Erlen- und Birkenbruchwäldchen. Die Rodung der Laubwälder vor Jahrhunderten schadete ihr nicht, sie prosperierte auf den daraus entstehenden Wiesen.

Doch die Nachkriegsaufforstungen mit Fichten verdrängten diese spektakuläre Pflanzenart. Die Dunkelheit, die entsteht, wenn sich in Fichtenwäldern die ausladenden Äste mit zunehmendem Wachstum zum Kronenschluss formieren, nahm den Narzissen im Monschauer Land großflächig den Lebensraum.

Nach der Einrichtung der Naturschutzgebiete Wüstebach-/Püngelbachtal und Perlenbach-Fuhrtsbachtal wurde in den 1990er Jahren in den Bachtälern mit der Entfichtung begonnen und der Narzisse auf diese Weise ihr Lebensraum nach und nach zurückgegeben. Unter dem Schutzstatus des Nationalparks wird der Waldumbau im niederschlagsreichen Monschauer Land verstärkt fortgesetzt werden, bis diese Pflanze ihren ursprünglichen Lebensraum zurückerhalten hat.

Der Feuersalamander

Der Feuersalamander *(Salamandra salamandra)* gehört zu den Amphibien und ist einer der größten und schönsten europäischen Salamander. Erwachsene Tiere erreichen 14–17 cm Länge. Ihre schwarz-gelbe Warnfarbe soll auf ihre Giftigkeit aufmerksam machen. Ihre Hautdrüsen sondern ein Sekret mit dem giftigen Alkaloid Salamandrin ab. Haustiere, die Salamander gefressen haben, sind daran gestorben.

Salamander sind Nachttiere, die ihr Versteck tagsüber nur sehr selten verlassen. Kühl und feucht müssen ihre Verstecke sein, meist im Wurzelbereich von Bäumen, unter totem Holz, unter Falllaub oder in Felsspalten, manchmal auch in Bauten von Mäusen und anderen Kleinsäugern. Nach schweren Regengüssen kommen Sie gelegentlich auch am Tage oder in der Dämmerung heraus. Sie ernähren sich hauptsächlich von wenig beweglicher Nahrung wie Schnecken, gelegentlich auch Käfern, Tausendfüßlern oder Regenwürmern.

Als Amphibien, deren Lebensraum typischerweise sowohl das Wasser als auch das Land umfasst, verbringen die Larven ihr Leben im Wasser, während die erwachsenen Tiere an Land leben. Im Gegensatz zu Fröschen paaren sich die Salamander jedoch an Land. Das Weibchen setzt im März zwischen 8 und 60 lebende Larven, die etwa 2,5–3,5 cm groß sind, in einen Tümpel. Sie benötigen etwa vier Monate zum Erwachsenwerden. Feuersalamander werden mit 2–4 Jahren geschlechtsreif und werden um 20 Jahre alt.

Schwarz-gelbe Warnfarbe: Feuersalamander

Vogelsang und Urftmauer

Zu Fuß über den Truppenübungsplatz

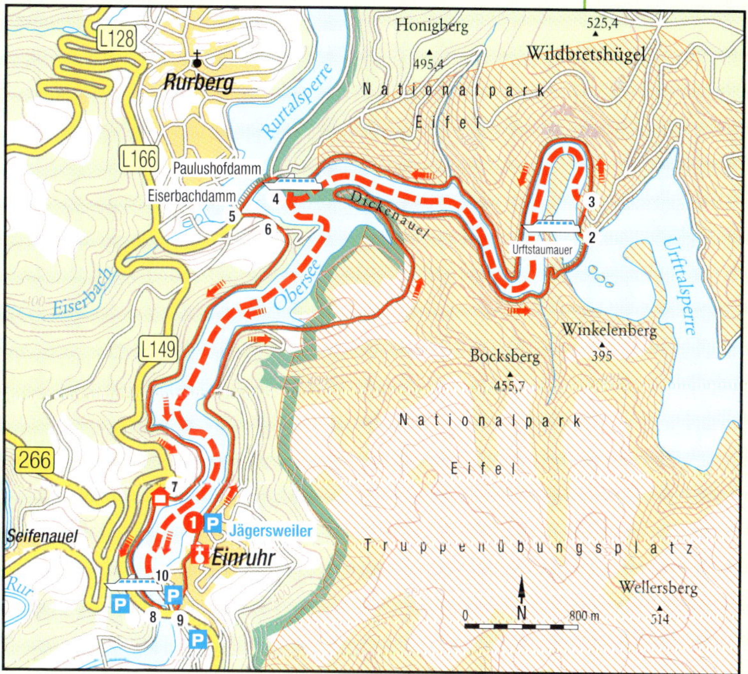

Schwierigkeitsgrad: Abkürzungen leicht, da überwiegend eben, mit Ausnahme eines steilen Anstieges an der Staumauer, volle Länge anspruchsvoll wegen der Kilometerzahl

Anfahrt mit ÖPNV:

• Ganzjährig (auch werktags) ab Gemünd mit der „Wildnis-Linie" (63) oder von Simmerath mit den Linien 63/68 nach Einruhr. Von dort aus am See entlang bis zum Parkplatz Jägersweiler. Fahrzeiten im Nationalpark-Fahrplan (ab Frühjahr bei Verkehrsunternehmen und Touristinformationen der Region erhältlich).

Anfahrt mit dem Pkw:

• aus Richtung Aachen B258 bis Roetgen-Fringshaus–Lammersdorf–Rollesbroich–Strauch–Kesternich, dort auf die B266 bis Einruhr

Gegenüber: Urftstaumauer, im Vordergrund Überlauf

Der Rursee bei Einruhr

- aus Richtung Düren B399 bis Vossenack–Schmidt–Rollesbroich–Strauch–Kesternich, dort auf die B266 bis Einruhr
- aus Richtung Euskirchen B266 bis Einruhr

Parkmöglichkeiten: Einruhr, Jägersweiler Straße, alternativ Rurstraße (gebührenpflichtig) oder Parkplätze an der B266

Anfahrt zum Parkplatz: in Einruhr in die Rurstraße einbiegen und dieser durch die Ortschaft hindurch ohne abzubiegen bis zum Ortsende an der Jägersweiler Straße folgen.

Ausgangspunkt: Einruhr, Parkplatz Jägersweiler

Wegmarkierungen: teilweise ohne, teilweise Wegmarkierungen des Eifelvereins, teilweise Ausschilderungen des Truppenübungsplatzes

Tourenlänge: 15,5 km; erste Abkürzung ca. 7 km; zweite Abkürzung ca. 10 km

Wanderzeit: ca. 5–6 Stunden, erste Abkürzung 2 Stunden zzgl. 1 Stunde Bootsfahrt, zweite Abkürzung ca. 3 Stunden zzgl. 30 Minuten Bootsfahrt

Einkehrmöglichkeiten: Urftstaumauer, Rurberg und Einruhr

Besondere Hinweise:

- **WARNUNG!** Diese Tour führt in Teilen über den Truppenübungsplatz Vogelsang und kann nur an Samstagen, Sonntagen und gesetzlichen Feiertagen vom 1. April–31. Oktober 8–20 Uhr, vom 1. November–31. März 8.30–17 Uhr durchgeführt werden. Zu anderen Zeiten kein Zugang (gilt voraussichtlich bis Ende 2005).
- Voraussichtlich ab dem Jahr 2006 wird es eine Wegeneuordnung im Nationalpark Eifel geben. Sie sind an die dann geltende Wegeführung gebunden, falls diese von der hier beschriebenen Wegeführung abweicht. Beachten Sie bitte die entsprechenden Hinweise.
- Sie können diese Tour an zwei möglichen Stellen mit einem Boot der Rurseeschifffahrt abkürzen. Bei der ersten Abkürzung wandern Sie bis zur Urftstaumauer und fahren von dort mit dem Boot nach Rurberg und dann nach Einruhr. Bei der zweiten Abkürzung wandern Sie zusätzlich am Kermeter entlang bis Rurberg und fahren von dort mit dem Boot nach Einruhr zurück. Abfahrtszeiten auf Tafeln vor Ort oder der Website www.rursee-schifffahrt.de.

Hinweise zu weiteren Informationen in der näheren Umgebung:

- Am Paulushof-Staudamm wird voraussichtlich im Jahr 2005 ein Besucherzentrum „Nationalparktor Rurberg“ eingerichtet. Beachten Sie bitte die lokalen Hinweise.

Empfohlene Jahreszeiten: Frühling bis Herbst

Streckenverlauf

◆ (1) Vom Parkplatz in Einruhr an der Jägersweiler Straße wenden Sie sich vom Ort weg und wandern uferparallel entlang des WW23 und der Jägersweiler Straße. Rechts erheben sich steile, anfangs bewachsene und feuchte Felsen *(Thema: Lebensraum Fels, Tour 6, S. 144)*, die später trockener und kahler werden. Links haben Sie, sofern es die Baumwipfel zulassen, einen Blick auf den Rursee. Den Abzweig zur Kläranlage nach 750 m lassen Sie unbeachtet. Nach 1,5 km biegt der WW23 nach rechts in die Wiesen ab, Sie aber bleiben auf der Straße und passieren nach weiteren 300 m das Tor zum Truppenübungsplatz *(Thema: Der Truppenübungsplatz Vogelsang, S. 103)*. Bei der Durchquerung des Truppenübungsplatzes über die folgenden 4 km können Sie nicht fehlgehen, da die Strecke ausgeschildert bzw. alle Abzweige gesperrt sind. Der Weg führt mehr oder weniger dicht am Rurseeufer entlang. Daher beschreiben wir für diese Strecke nur die Sehenswürdigkeiten, nicht aber den Wegverlauf. Sie passieren kurze Zeit später ein Waldstück, um nach 500 m zu den Offenflächen der ehemaligen Ortschaft Jägersweiler zu kommen *(Themen: Der Truppenübungsplatz auf dem Weg zur Naturlandschaft, S. 104, Die Zukunft der Offenflächen, S. 108, Mufflons, S. 112)*. Waldränder mit Übergängen zu deckungsreichen Offenflächen sind bevorzugte Lebensräume der Wildkatze *(Thema: Die Wildkatze, Tour 7, S. 162)*. Rechts von der Hofschaft steht auf einem Hügel die Ruine der Villa von Liesel Bach, einer bekannten deutschen Kunstpilotin aus den 1930er Jahren.

Rurseeufer mit alten Weiden

Nach der Überquerung eines namenlosen Bachs durchwandern Sie zunächst Mischwald, dann entlang der Landzunge von Dickenauel felsigen Eichenwald *(Themen: Eichenwälder, Tour 1, S. 42, Insekten der Eichenwälder, Tour 1, S. 44),* der auf dem Weg zur Urftmauer wieder in Laubmischwald übergeht. Schließlich werden Sie einen steilen Hang hoch geleitet, an dessen Ende Sie die Urftstaumauer *(Thema: Die Urftstaumauer, S. 100)* erreichen und den Truppenübungsplatz durch die Absperrung verlassen.

Sie können unmittelbar dahinter links über eine kleine Treppe eine Aussichtsplattform der Staumauer betreten und den Fernblick über die Mauer und die beiden ungleich hohen Seespiegel des Urftsees genießen. Von hier aus können Sie tief unten am Ufer die Bootsanlegestelle sehen, die Sie benutzen werden, falls Sie sich für die erste Abkürzung entscheiden *(Bild unten).* Sie überqueren die Mauer und können ggf. am anderen Ende einkehren. Auf Info-Tafeln und mit historischen Ausstellungsstücken ist dort die Baugeschichte der Mauer ausführlich dokumentiert. Hier finden Sie auch einen Nationalpark-Infopunkt. Rechts hinter dem Restaurant können Sie einen Aussichtspunkt besteigen, der noch einmal einen grandiosen Fernblick über die Urftmauer, den Urftsee und die historische Ordensburg Vogelsang *(Thema: Die Ordensburg Vogelsang, Tour 6, S. 140)* ermöglicht.

◆ (2) Vom Restaurant aus wenden Sie sich links an der hohen Terrassenmauer des Aussichtspunktes vorbei, um kurz darauf an den

Unterer Teil des Urftsees von der Urftmauer aus (mit Bootsanlegestelle)

Fußpfad zum Bootssteg für das Boot nach Rurberg zu gelangen. Hier müssen Sie sich entscheiden, ob Sie die erste Abkürzung nehmen und mit dem Boot zurückkehren wollen. Falls nicht, lesen Sie bitte weiter bei „Abkürzung ab Rurberg“.

Abkürzung ab Urftmauer:

◆ (3) Biegen Sie auf den Fußpfad zum Bootssteg ein, und nehmen Sie das Boot nach Rurberg. Die Boote fahren an Samstagen und Sonntagen etwa zwischen 11 und 18 Uhr im Stundentakt.

◆ (4) In Rurberg steigen Sie um in das Boot am benachbarten Bootssteg nach Einruhr. Unterwegs können Sie das beeindruckende Panorama auf die umliegenden bewaldeten Hänge genießen *(Themen: Buchenwälder, Tour 3, S. 82, Die Geschichte des Waldes, Tour 1, S. 38).* Die Bootsfahrt dauert insgesamt etwa 1 Stunde.

◆ (10) Sie kommen in Einruhr an der Seepromenade an und können am See entlang bis zur Kirche, dort links entlang der Hauptstraße bis zum Parkplatz an der Jägersweiler Straße wandern (ca. 500 m).

Abkürzung ab Rurberg:

◆ (3) Sie setzen Ihren Weg über insgesamt 4 km fort, am Bootssteg vorbei, durch den schattigen Buchenmischwald entlang des Sees *(Themen: Buchenwälder, Tour 3, S. 82, Die Geschichte des Waldes, Tour 1, S. 38),* in dem Sie gelegentlich noch Bombenkrater des Zweiten Weltkrieges sehen können.

Bootsfahrt durch Wald und Wasser

Der Wald wechselt nach etwa der Hälfte des Weges mit offenem Felsufer und bietet Ihnen einen ständigen Blick auf den See. Nach etwa 2,5 km mündet an einem namenlosen Bach ein Weg von rechts ein, den Sie unbeachtet lassen. Schließlich erreichen Sie hinter einem Spielplatz linksseitig die Bootsstege von Rurberg mit Booten zur Urftstaumauer und nach Einruhr.

◆ (4) Sie müssen sich hier entscheiden, ob Sie nun die Abkürzung mit dem Boot zurück nach Einruhr nehmen (rechter Bootssteg) oder die volle Strecke wandern.

◆ (10) Im ersten Fall kommen Sie nach 30 Minuten Fahrtzeit in Einruhr an der Seepromenade an und können am See entlang bis zur Kirche, dort links entlang der Hauptstraße bis zum Parkplatz an der Jägersweiler Straße wandern (ca. 500 m). Im zweiten Fall lesen Sie bitte weiter bei „Gesamte Strecke“.

Gesamte Strecke:

◆ (4) Sie passieren die Bootsstege der Oberseeschifffahrt und biegen nach links ab, um den Urftsee über den Staudamm „Paulushof“ zu überqueren. Anschließend passieren Sie linksseitig das Pumpwerk und einen Parkplatz. Hinter dem Parkplatz, gegenüber der Einmündung des Eiserbachdamms, biegt links eine Straße vom Pumpwerk der WAG ein, gekennzeichnet mit den Hinweisschildern „Fußweg nach Einruhr 4,1 km“ und WW6, 20.

◆ (5) Auf diese biegen Sie nach links ab und folgen ihr am Pumpwerk vorbei bergan in den Wald, wo sie sich in einen Weg verwandelt und nach 250 m in spitzem Winkel eine Straße kreuzt.

Paulushofdamm bei Rurberg

Laubwald über Wasser bei Einruhr

◆ (6) Auf diese biegen Sie nach links ein und folgen ihr für 500 m leicht bergab. Hinter einer scharfen Rechtskehre zweigt eine Privatstraße nach links ab, die Sie unbeachtet lassen. Die Straße geht an einer Schranke in einen Weg über und führt Sie durch Eichenwald. Nach mehreren nach links abzweigenden Privatwegen verwandelt der Weg sich in einen Fußpfad, der schließlich in kleinen Serpentinen hinunter zum Wasserrand führt. Ab jetzt haben Sie bis Einruhr fast ununterbrochen einen Blick auf die Wasserfläche und wandern wechselweise durch Eichen- oder Buchenwald und durch Wiesen und Felder, mehr oder weniger nahe am Ufer. Nach 1 km mündet an einer Hütte von rechts ein Weg ein, den Sie unbeachtet lassen. Sie folgen dem WW6 über weitere 2 km bis zur Gabelung an der nächsten Hütte. Einen einmündenden Weg von rechts 50 m vor der Hütte lassen Sie unbeachtet.

◆ (7) An der Hütte zweigen Sie mit dem WW6 nach links ab zurück zum Ufer. Ab hier haben Sie einen Blick auf den idyllischen Ort Einruhr am anderen Seeufer. Nach 1 km mündet der Fußpfad auf die Brücke der B266 über den Rursee.

◆ (8) Auf diese biegen Sie nach links ein und überqueren den Rursee.

◆ (9) Kurz dahinter biegen Sie in die Rurstraße von Einruhr nach links ein. Sie können dieser durch den Ort hindurch bis zum Parkplatz in der Jägersweiler Straße folgen oder alternativ die Seepromenade am Ufer entlang nehmen, die Sie an zahlreichen Einkehrmöglichkeiten vorbei ebenfalls dorthin zurückführt.

Flachkeilschieber aus dem Jahr 1900, der in ein Rohr eingebaut war. Ausstellungsstück an der Urftstaumauer.

Die Urftstaumauer

Zusammen mit dem Rursee gehört auch der Urftsee zu den insgesamt 14 Talsperren auf deutscher und belgischer Seite, die sich um das Hohe Venn gruppieren.

Mit bis zu 1 400 mm Niederschlag pro Jahr kommt im Venngebiet eine überdurchschnittliche Menge an Niederschlagswasser zusammen, das in der Vergangenheit immer wieder zu Hochwassersituationen in den Tälern der abfließenden Bäche geführt hat. Hochwasserschutz, Trink- und Brauchwassergewinnung sowie Stromerzeugung waren die Gründe für den Beginn des Talsperrenbaus in der Nordeifel und dem benachbarten Belgien am Ende des 19. Jh.. Heute sind sie zudem wichtige touristische Anziehungspunkte in der Region.

Die älteste Talsperre der Nordeifel ist die Urfttalsperre. Sie wurde von dem an der Technischen Hochschule Aachen lehrenden Professor für Baukonstruktion, Otto Intze, entworfen und war bei ihrer Fertigstellung 1905 die größte und technisch modernste Talsperre Europas. Der Typ der Staumauer ist eine so genannte „Gewichtsstaumauer" aus örtlich gewonnener Grauwacke und Tonschiefergesteinen, die bogenförmig das Urfttal verschließt und 3 m tief im Gestein gründet.

Im Zweiten Weltkrieg wurde die Staumauer beschädigt. Die Kraterlandschaft, die noch heute den Seeboden bedeckt und im Jahre 1994 bei einer Entleerung des Rursees sichtbar wurde, zeugt von der intensiven Bombardierung im Jahre 1944. Dennoch blieb die Mauer größtenteils erhalten. Als sichtbare Folge der in den Nachkriegsjahren mit sparsamen Mitteln durchgeführten Reparaturen wird die Mauer heute nicht mehr von ihren einstigen in Naturstein gebauten Brüstungsmauern begrenzt, sondern von einem einfachen Stahlgeländer.

1994 wurden der Rursee und der untere Urftsee zwecks Erweiterungs- und Reparaturarbeiten entleert. Neben den Kriegsspuren traten auch ehemalige Wälder und Bauwerke zutage, die bei dem Anstau des Wassers in den Fluten versanken *(Thema: Historische Siedlungsreste, Tour 2, S. 70).*

Der untere Teil der Urft, die sich hinter der Urftstaumauer fortsetzt, wird zusammen mit dem „Obersee", d. h. dem oberen Teil des Rursees und dem unteren Teil des Urftsees, durch den Paulushofdamm bei Rurberg gestaut. (*Thema: Der Rursee, Tour 2, S. 68).* Der Eiserbachdamm, der im rechten Winkel vor dem Paulushofdamm in Rurberg den Eiserbach zu einem Badesee staut, markiert den Anfang des unteren Rursees.

Während auf dem Obersee ausschließlich mit Elektromotoren betriebene Boote der Rurseeschifffahrt verkehren dürfen, ist der untere Teil für vielerlei touristische Aktivitäten freigegeben: Segeln und Surfen sind hier erlaubt, Schwimmbäder laden zum Baden ein. Die verschiedenen Abstufungen touristischer Nutzung ergeben sich aus den unterschiedlichen Anforderungen an die Wasserqualität: Da der Obersee Trinkwasser liefert, das am Paulushofdamm entnommen wird, muss oberhalb dieser Entnahmestelle die Nutzung eingeschränkt bleiben.

Aus dem unteren Teil des Rursees wird lediglich Brauchwasser gewonnen. Hier darf die Wasserqualität niedrigeren Anforderungen genügen, was eine breitere touristische Nutzung des Sees ermöglicht.

Spuren der Bombardierung von 1944, sichtbar bei einer Trockenlegung des Rursees 1994.

Der Stausee als Lebensraum

Stauseen sind ehemalige Fließgewässer, die durch Aufstauen praktisch zum Stillgewässer werden. Damit ändern sich die Lebensbedingungen für die hier lebenden Tiere und Pflanzen grundlegend. In einem See leben andere, entsprechend angepasste Tierarten: Teichmuscheln bedecken den Seeboden, an die Stelle von Groppe und Forelle treten Rotfeder und Hecht, Azurjungfern ersetzen die Blauen Prachtlibellen, Haubentaucher und Kormorane finden sich ein.

Nur bei Vollstau wirklich schön: Ufer des Obersees unterhalb der Urftmauer

Dennoch unterscheidet sich ein Stausee in seiner Lebensvielfalt von einem natürlichen See. Der freie Wasserkörper, der Seeboden und der Uferbereich stellen jeweils eigene Lebensräume im See dar. Vor allem im Uferbereich fehlt dem Stausee die Artenvielfalt eines natürlichen Stillgewässers. Anstatt grüner Pflanzen, die natürliche Seen zonenförmig umgeben, bietet ein Stausee steinige, unbewachsene Uferstreifen, die je nach Hoch- oder Niedrigwasserstand mehr oder weniger breit oberhalb des Wasserspiegels sichtbar werden. Nur bei Vollstau sind sie ganz verschwunden.

Uferpflanzen an natürlichen Seen sind sehr eng an den Wasserstand angepasst und haben eine relativ geringe Schwankungstoleranz. So können Schwimmblattpflanzen Wasserstandssteigungen nur bis zur Länge ihrer Stängel ertragen, andernfalls ertrinken sie. Röhrichtgemeinschaften dürfen nicht trockenfallen, sonst sterben sie ab. Für Biber, die es wagen, ihre Bauten mit den typischen Unterwassereingängen in Stauseeufern anzulegen, ist die Gefahr des Ertrinkens groß. So bleibt der Uferstreifen an Stauseen ein wenig belebter, steiniger Gürtel, auf dem sich gelegentlich Insekten in der Sonne wärmen, Bachstelzen jagen und Stockenten sich eine Ruhepause gönnen. Stauseen mit ihren künstlich geschaffenen Bedingungen im Uferbereich können der Natur nur eingeschränkt Platz bieten.

Der Truppenübungsplatz Vogelsang

Ruine der Villa der Kunstfliegerin Liesel Bach in Jägersweiler

Die Anfänge des Truppenübungsplatzes Vogelsang reichen in die Zeit vor dem Zweiten Weltkrieg zurück. 1934 begann hier der Bau der so genannten „Ordensburg“ Vogelsang *(Thema: Die nationalsozialistische „Ordensburg“ Vogelsang, Tour 6, S. 140).*

Nach dem Kriegseintritt wurde die „Ordensburg“ 1940 beim so genannten Westfeldzug, dem Überfall Deutschlands auf Belgien und Frankreich, vorübergehend als Truppenquartier genutzt, dann ein zweites Mal während der Ardennenoffensive 1944. Am 4. Februar 1945 wurde sie von den amerikanischen Truppen erobert und stand danach für einige Monate leer. Als sich im Juni 1945 die britische Militärverwaltung im Rheinland etablierte, wurden die Ordensburg und ihre Umgebung zur „Training Area Vogelsang“, einem Truppenübungsplatz für die britische Besatzung. Die auf dem Gebiet liegenden Gehöfte und Dörfer, z. B. der Ort Wollseifen mit 550 Einwohnern oder die Höfe von Jägersweiler wurden zum 1. September 1946 evakuiert. Auch die bekannte Kunstfliegerin Liesel Bach, die im Mai 1930 erste deutsche Meisterin wurde, musste ihre Villa aufgeben.

Der Truppenübungsplatz blieb bis zur Übergabe an die belgische Kommandantur am 1. April 1950 unter britischer Führung. Er umfasste ein Kerngebiet von 43 km^2 sowie ein zusätzliches Aufmarschgebiet von 25 km^2, das sich über mehrere Dörfer wie Schöneseiffen und Ettelscheid bis Schleiden zog.

Ab 1952 gab es Bestrebungen, Vogelsang mit dem grenznahen belgischen Truppenübungsplatz Elsenborn zu verbinden, doch sie blieben erfolglos.

Seit 2004 gehört der Truppenübungsplatz zum Nationalparkgebiet, aber erst im Jahr 2006 kann die militärische Nutzung vollständig eingestellt und das Gelände seiner Bestimmung übergeben werden.

Naturlandschaft in Mitteleuropa: Keine großen Offenflächen (Schießanlage auf dem Truppenübungsplatz mit Hof im ehemaligen Jägersweiler), sondern...

Der Truppenübungsplatz auf dem Weg zur Naturlandschaft

Als zu Beginn des Jahres 2002 bekannt wurde, dass der Nationalpark Eifel eingerichtet werden sollte, entstand unter Fachleuten wie Laien eine heftige Diskussion um die Offenflächen des Truppenübungsplatzes. Für die Waldflächen existierte, was man landschaftliche „Leitbilder“ nennt: Buchen- und Eichenwälder mit natürlicher Verjüngungs-, Alterungs- und Zerfallsphase. Doch für die Offenflächen stellte sich die Frage, ob sie offen bleiben oder in Wald überführt werden sollten.

Vielfach wurde die Forderung laut, dass die Offenflächen, die über Jahrhunderte als Mäh- und Weideland das Landschaftsbild hier geprägt hatten, erhalten bleiben sollten. Doch die Tatsache, dass ein Nationalpark den gesetzlichen Auftrag hat, den Naturzustand, nicht aber eine vom Menschen beeinflusste Kulturlandschaft zu erhalten, entkräftete diese Forderung.

Es blieb die Frage zu beantworten, wie viel Offenfläche in der Naturlandschaft unserer Mittelgebirge natürlicherweise vorkommt. Würde man in der Gegenwart die Offenflächen sich selbst überlassen, würden sie im Laufe der Zeit verbuschen und sich wieder bewalden. Allerdings würden Rehe, Hirsche und die Biber in den Bachtälern die Regeneration des Waldes durch ihre Fresstätigkeit begrenzen und kleine Lichtungen oder vereinzelte Stellen in Bachtälern offen halten. Gäbe es keine Wildbestandsregulierung *(Thema: Rotwild, Tour 1 S. 46)*, würden durch Vermehrung, aber auch durch Zuwanderung aus benachbarten Gebieten, wo schlechtere Lebensbedingungen herrschen und Jagd ausgeübt wird, die Wilddichte im Nationalpark sehr hoch werden. Der Wald würde zum „Hutewald“ *(Thema: Die Geschichte des Waldes, Tour 1 S. 38)*, und hätte damit Ähnlichkeit mit der Kulturlandschaft aus der jüngeren historischen Zeit. Auf den Offenflächen würde der Ginster vorherrschen, eine Strauchart, die die Rothirsche verschmähen. Damit wäre das Ziel einer Naturlandschaft verfehlt.

In der Gegenwart eine Insel aus Naturlandschaft innerhalb einer umgebenden Kulturlandschaft zu konservieren, ist ohne regulierende Eingriffe nicht möglich. Die Wildbestandsregulierung verhindert, dass Wald und Offenflächen sich in „Kulturlandschaft“ verwandeln. Die Frage bleibt, ob das Resultat mit der Wildbestandsregulierung tatsächlich Naturlandschaft ist. Gehören zur Naturlandschaft neben Hirsch und Reh nicht auch ausgestorbene Tierarten wie Wisent und Auerochse, die einst hier heimisch waren? Weiterhelfen kann bei der Beantwortung der Frage, wie Naturlandschaft in der Vergangenheit beschaffen war, eine historische Betrachtung.

... Wald mit kleinen Lichtungen

So entstehen Lichtungen: über Jahre verbissene Buche (erkennbar an dem sehr dichtem Zweigwerk bei gleichzeitigem Zwergwuchs)

Unser derzeitiges geologisches Zeitalter, das Quartär, das vor 2,4 Millionen Jahren begann (s. Grafik Innendeckel Buchrückseite) und bis heute andauert, setzt sich zusammen aus etwa 20 Zyklen von Kalt-Warmzeiten. Sie dauerten jeweils rund 100 000 Jahre, wovon die Kaltzeiten mit mindestens jeweils 80 000 Jahren vorherrschend waren. Die letzte Kaltzeit erreichte ihr Klimaminimum vor etwa 18 000 Jahren, danach stieg die durchschnittliche Temperatur weltweit in Schwankungen bis zu ihrem jetzigen Maximum an, das vor etwa 5 000 Jahren erreicht wurde, und dauert bis in die Gegenwart. Wir befinden uns also gerade in einer Warmzeit.

Mit dem vielfachen Wechsel von Warm- und Kaltzeiten gingen jeweils Veränderungen der Tier- und Pflanzenwelt einher. Entsprechend kamen in Mitteleuropa zeitweise kälteangepasste Arten wie Mammut oder Moschusochse vor, zeitweise Formen, die auf Wärme und milde Winter angewiesen waren wie Flusspferd oder Wasserbüffel. Die Arten breiteten sich mit dem Klimawechsel aus den Kerngebieten ihres Vorkommens nach Mitteleuropa aus oder zogen sich in sie zurück: die wärmeabhängigen Arten vom bzw. ins Mittelmeergebiet, die kälteresistenten Formen von bzw. nach Sibirien. In keinem anderen Teil der Welt brachte der Wechsel von Warm- und Kaltzeiten einen so ausgeprägten Wechsel der Tier- und Pflanzenwelt mit sich wie in Mitteleuropa.

Da wir in einer Warmzeit leben, ist es sinnvoll, sich zum einen die Landschaft zu Beginn der jetzigen Warmzeit anzuschauen, denn diese Landschaft kann als vom Menschen unbeeinflusst gelten. Zum anderen vermittelt der Vergleich mit früherer Warmzeiten ein deutlicheres Bild von der Naturlandschaft und ihren Varianten.

Warmzeiten sind – im Gegensatz zu Kaltzeiten – durch das Auftreten von ausgedehnten Laubwäldern gekennzeichnet. Es stellt sich die Frage, ob diese Laubwälder mit größeren Lichtungen durchsetzt waren, die von Waldelefanten, Nashörnern oder Hirschen initiiert wurden, und sich unter dem Einfluss von Auerochsen, Wisenten oder Pferden zu größeren Rasen- und Steppenflächen entwickelten, oder ob der Wald ein eher geschlossenes Bild mit nur kleinen offenen Stellen abgab. Untersuchungen an Pflanzenpollen, die sich im Verlauf der Jahrtausende in Mooren und auf Seenböden abgelagert haben, sprechen für die letztere These. Größere Mengen an Gräserpollen lassen sich erst parallel zur Sesshaftwerdung des Menschen und der damit aufkommenden Landbewirtschaftung nachweisen. Diese erreichte erst vor etwa 7 500 Jahren Mitteleuropa, so dass die Frühphase der gegenwärtigen sowie die kompletten vorangegangenen Warmzeiten von einem eher geschlossenen Waldbild mit nur kleinen Lichtungen geprägt gewesen sein müssen. In ihm können die Pflanzenfresser keine allzu hohe Dichte erreicht haben, sonst hätten sie die Wälder zugunsten des Graslandes reduziert.

Daher ist die Naturlandschaft, die im Nationalpark Eifel geschützt wird, eine eher geschlossene Waldlandschaft mit kleineren Lichtungen. Dennoch wurde anfänglich auch im Nationalpark Eifel darüber nachgedacht, ob er Heimat und Forschungsfeld für lokal ausgestorbene Tierarten sein könnte. *(Thema: Die Zukunft der Offenflächen, S. 108).*

Einsatz für Offenhaltung von Kulturflächen, nicht aber für Naturlandschaft: rückgezüchtetes Heckrind als Vertreter des Auerochsen

Gegenüber: Die 18 potenziellen Pflanzenfresser in Deutschland geordnet nach der Größe ihrer Verbreitungsgebiete bzw. dem Zeitpunkt ihres Verschwindens

Die Zukunft der Offenflächen

Offenflächen im Nationalpark Eifel gibt es derzeit zum einen in Bachtälern wie dem Püngel-, Wüste-, Fuhrts- und Perlenbachtal, die gleichzeitig auch FFH-Gebiete sind, zum anderen auf den Berghöhen des derzeit noch existierenden Truppenübungsplatzes Vogelsang. Um den gesetzlichen Auftrag des Nationalparks hinsichtlich der Erlebbarkeit der Natur für die Menschen zu erfüllen, z.B. durch die Beobachtung der Rothirsche, ist es sinnvoll, im Gebiet ihrer Tagesaktivität einige Flächen offen zu halten. Diese Flächen werden sich voraussichtlich auf die Höhen von Ritzenberg und Klusenberg beschränken. Anfänglich wurde diskutiert, ob diese Flächen, die derzeit von Schafen beweidet werden, ersatzweise von lokal ausgestorbenen Pflanzenfressern offen gehalten werden könnten.

In Mitteleuropa existierten während der vorangegangenen Warmzeit 31 Arten von Pflanzen- und Allesfressern, von denen 18 unter den heutigen Bedingungen theoretisch noch hier leben könnten. In Deutschland kommen jedoch nur sieben von ihnen vor: Damhirsch, Rothirsch, Reh, Wildschwein, Biber und im Hochgebirge Gams und Alpensteinbock.

Von den fehlenden Arten haben Wisent, Elch, Braunbär, Auerochse und Wildpferd noch bis in historische Zeiten hier gelebt, hingegen starben Wildesel, Riesenhirsch, Höhlenbär, Waldelefant, Waldnashorn und Steppennashorn bereits in vorgeschichtlicher Zeit aus.

Für das Aussterben von Arten in historischer Zeit ist zweifellos der Mensch die Ursache. Um Haus und Hof zu schützen, wurden seit der Sesshaftwerdung Beutegreifer systematisch bejagt. Der letzte Braunbär wurde im 17. Jahrhundert erlegt, die Wölfe waren erst im 19. Jahrhundert aus unseren Wäldern verschwunden. Pflanzenfresser, d.h. zum Vieh konkurrierende Tierarten, wie Wildpferd oder Auerochse starben durch ein Zusammenwirken mehrerer Ursachen aus: Ihr Lebensraum wurde durch die expandierende Landwirtschaft eingeengt, wodurch ihre Anzahl sank, und sie wurden zusätzlich als Beutetiere bejagt.

Bei prähistorisch verschwundenen Arten sind die Ursachen komplexer. Die verbesserte Waffentechnik des Homo sapiens, wie von vereinzelten Wissenschaftlern gefordert, kann nicht die Ursache für das Aussterben dieser Tiere gewesen sein, denn die am leichtesten

Reh *(Capreolus capreolus)*

Kommt fast überall vor

Wildschwein *(Sus scrofa)*
Rothirsch *(Cervus elaphus)*
Damhirsch *(Cervus dama)*

Beschränkte, aber meist noch recht große Verbreitungsgebiete, z.T. nach Wiedereinbürgerung.

Biber *(Castor fiber)*
Gämse *(Rupicapra rupicapra)*
Alpensteinbock *(Capra ibex)*
Braunbär *(Ursus arctos)*
Elch *(Alces alces)*
Kommt in vereinzelten, kleinen Rest- und Randgebieten oder in Wiederansiedlungsgebieten bis heute vor. Z.T. Ausbreitungstendenzen (in der Eifel: Biber).

Wisent *(Bison bonasus)*
Wildpferd *(Equus ferus)*
Auerochse *(Bos primigenius)*

Verbreitung: zwischen dem 17. und 20. Jahrhundert verschwunden (Wisent 1919, Wildpferd ca. 1800, Auerochse 1627, lange vorher nur noch in Restarealen)

geschichtliche Zeit

vorgeschichtliche Zeit

Europäischer Wildesel *(Equus hydruntinus)*
Riesenhirsch *(Megaloceros giganteus)*
Höhlenbär *(Ursus spelaeus)*

Gegen Ende der letzten Eiszeit (vor 10.000-9000 Jahren)verschwunden

Waldelefant *(Elephas/Palaeoloxodon antiquus)*
Waldnashorn *(Dicerorhinus/Stephanorhinus kirchbergensis)*
Steppennashorn *(Dicerorhinus/Stephanorhinus hemitoechus)*
Während der letzten Eiszeit aus ihren südlichen Rückzugsgebieten verschwunden, daher Rückkehr unmöglich

Reh: frei lebender Pflanzenfresser im Nationalpark Eifel

zu erbeutenden Pflanzenfresser wie Reh, Wildschwein oder Rothirsch sind nicht ausgestorben. In der Vorgeschichte verschwunden sind vor allem große Tiere, die für Menschen mit primitiven Waffen nur schwer zu erbeuten waren. Die Ursachen waren ökologischer Art: In der unserer Warmzeit vorausgegangenen Kaltzeit hatte die Abkühlung bis in den Mittelmeerraum ausgestrahlt und dort einen Klimawandel verursacht, dem nicht alle Tierarten standhalten konnten. Nashörner und Waldelefant starben in ihrem dortigen Kerngebiet aus. Sie konnten zu Beginn unserer heutigen Warmzeit von dort nicht mehr nach Mitteleuropa einwandern und blieben auf diese Weise verschwunden.

Es gibt damit eine Antwort auf die Frage, welche Pflanzenfresser für die Naturlandschaft zu Beginn unserer Warmzeit charakteristisch waren und für die Offenhaltung kleinerer Freiflächen in Frage kämen.

Denkbar wären in der Mittelgebirgslandschaft des Nationalparks Eifel neben Rothirsch, Reh, Wildschwein und Biber z.B. Wisent, Elch und Damhirsch als tatsächlich überlebende Arten. Freilebende Huftiergemeinschaften mit rückgezüchteten Arten wie Heckrind und Konik-Pferd, die Auerochse und Wildpferd ersetzen, werden heute bereits mehrfach in Europa zur Pflege von Offenflächen eingesetzt, beispielsweise im Gebiet Oostvaardersplassen am Ijsselmeer in den benachbarten Niederlanden oder in der Klostermersch bei Lippstadt in Deutschland.

Doch zeigt das Mittelgebirge andere Lebensbedingungen als die Ebene. Die winterliche Schneebedeckung auf den Höhen von Vogelsang kann - im Gegensatz etwa zum niederländischen Gebiet – hoch und langdauernd sein, was mit einer Abwanderung der Tiere in die Täler verbunden wäre, wo sie ein Sicherheitsrisiko für die dort lebenden Menschen darstellen könnten. Um die Tiere im Nationalparkgebiet zu halten, müssten Zäune gezogen werden. Mit Zäunen wäre dieses Gebiet kein Nationalpark, sondern ein großdimensioniertes Tiergehege – was seinem gesetzlichen Auftrag nicht entspräche.

Die existierenden Pflanzen- und Allesfresser wie Rothirsch, Reh und Wildschwein werden nicht in der Lage sein, diese Gebiete selbst offen zu halten, so dass die Offenhaltung mit Mahd unterstützt werden muss, ähnlich wie in den Bachtälern. Die Größe derartig gepflegter Freiflächen muss begrenzt bleiben, denn maximal 25% eines international anerkannten Nationalparks *(s. Schutzgebiete international S. 24)* dürfen einem fortgesetzten Biotopmanagement unterliegen.

Der Nationalpark Eifel behält somit seinen Charakter als eher geschlossene Waldlandschaft mit kleineren Lichtungen und Freiflächen, ähnlich der Landschaft zu Beginn unserer jetzigen Warmzeit. Einige der in historischer Zeit ausgestorbenen Tierarten werden außerhalb der Nationalparkflächen in Gehegen vorgestellt.

Wisent: als Sicherheitsrisiko nicht frei laufend haltbar in der Naturlandschaft des Nationalparks Eifel

Mufflon-Widder: Schneckenförmiges Gehörn

Mufflons

Mufflons *(Ovis ammon musimon)* sind wild lebende Schafe, die auf den Mittelmeerinseln Sardinien, Korsika und Zypern heimisch sind. Dort ist diese kleinste europäische Wildschafart, die auch die Stammform unserer Hausschafe ist, eine Tierart der Gebirgslandschaften, die jedoch in den letzten 200 Jahren vielfach in anderen Teilen Europas zu Jagdzwecken ausgesetzt wurde. 1955 wurde sie auch in den felsigen Eichenwäldern des Kermeters freigesetzt und hat sich bis heute hier halten können.

Mufflons können sehr schnell laufen, gut springen und klettern. Sie hören und sehen ausgezeichnet. Die Schafe leben in kleinen Rudeln, die nach Geschlechtern getrennt sind. Zur Brunftzeit lösen sich die männlichen Rudel auf, während die weiblichen stabil bleiben. Letztere werden von einem alten Muttertier angeführt. Die Muttertiere setzen im März oder April meist ein Junges, das sie bis zu sechs Monaten säugen. Mit 8–9 Monaten werden die Jungtiere geschlechtsreif. Männliche Tiere verlassen im Alter von 2 Jahren die weiblichen Rudel. Die Widder bilden ein kräftiges schneckenförmiges Gehörn aus, während die Mutterschafe kleine Hörner tragen können oder kahl bleiben. Bei ihren Brunftkämpfen im Oktober und November krachen die Widder nach kurzem Anlauf mit der Basis ihres Gehörns so heftig aufeinander, dass es weithin über die felsigen Hänge des Rursees schallt. Das Sommerfell der Tiere ist überwiegend braun-rot mit weißen und schwarzen Anteilen an den Beinen, im Gesicht und an der Brust, im Winter färbt sich ihr Fell grau-braun.

Mufflons sind Gebirgstiere. Eine Anpassung daran sind ihre schnell nachwachsenden Hufe, die sich bei der Fortbewegung auf steinigem Untergrund stark abreiben. Wenn sich die Tiere überwiegend auf nicht-felsigem Untergrund aufhalten, wachsen ihre Hufe zu schnell und werden zur Behinderung. Daher kann das Vorkommen dieser Tierart nur auf die felsigen Regionen des Nationalparks begrenzt sein.

Als eingeführte Tierart gehören die Mufflons nicht zur heimischen Tierwelt und damit zu den schützenswerten Arten im Nationalpark, wildrechtlich hingegen gelten sie als „heimisches Wild“. Auch diese Tierart könnte zur Offenhaltung von Flächen beitragen *(Thema: Der Truppenübungsplatz auf dem Weg zur Naturlandschaft, Tour 4, S. 104)*. Forschungen werden in der Zukunft ihre Rolle im Sinne der landschaftlichen Leitbilder des Nationalparks Eifel untersuchen.

Mufflonherde auf Vogelsang

Orte der Kraft

Wanderung im Kermeter: Abtei Mariawald, Kraftwerk und Burg Heimbach

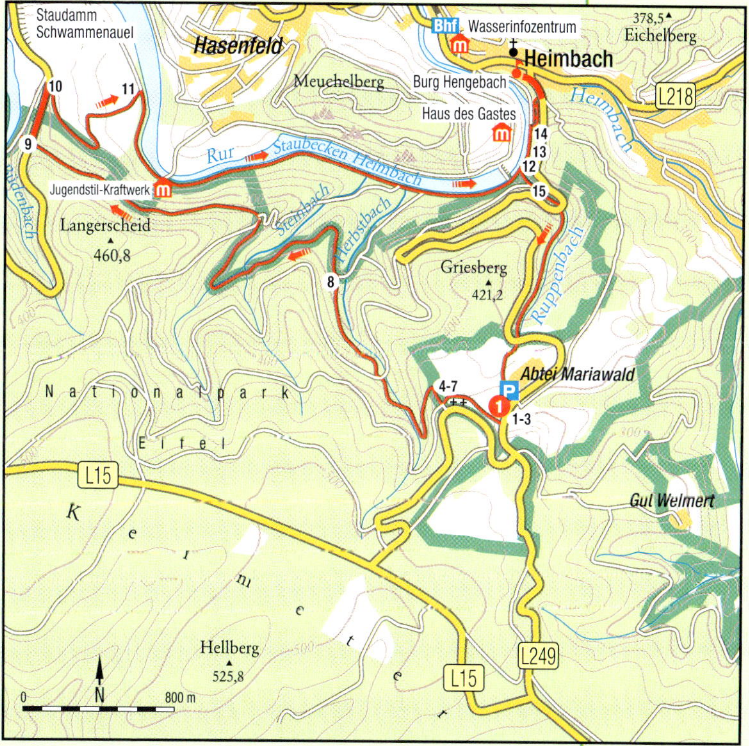

Schwierigkeitsgrad: mittel, wegen einiger Anstiege und Steilstrecken

Anfahrt mit ÖPNV:

- Ganzjährig an Sonn- u. Feiertagen von Heimbach oder Gemünd aus mit der „Wasser-Linie" (231) oder mit Linie „Mäxchen" (nur in der Saison, ab Heimbach) zur Haltestelle Kloster Mariawald (Touren-Punkt 1). Fahrzeiten im Nationalpark-Fahrplan (ab Frühjahr bei Verkehrsunternehmen und Touristinformationen der Region erhältlich).

Gegenüber: Blick auf die Burg Hengebach in Heimbach

Anfahrt mit dem Pkw:

• aus Richtung Aachen B258 bis Roetgen-Fringshaus–Lammersdorf–Rollesbroich–Strauch–Kesternich, dort B266 bis hinter Gemünd, L249 Richtung Heimbach; Abtei auf halber Strecke

• aus Richtung Köln B265 bis Heimbach-Vlatten, dort auf die L249 Richtung Heimbach-Gemünd bis Abtei Mariawald

• aus Richtung Düren Nideggen–L249 bis Heimbach, weiter in Richtung Gemünd bis Abtei Mariawald

• aus Richtung Bonn/Euskirchen B56 bis Zülpich, dort auf die B265 bis Heimbach-Vlatten, weiter in Richtung Gemünd bis Abtei Mariawald

Parkmöglichkeit und Ausgangspunkt: Parkplatz Abtei Mariawald

Wegmarkierungen: teilweise ohne, teilweise Wegmarkierungen des Eifelvereins

Tourenlänge: volle Strecke 14,5 km, Abkürzung 7,5 km, Abstecher zzgl. 1 km

Wanderzeit: 4 Stunden, Abkürzung 2 Stunden

Einkehrmöglichkeiten: Kloster Mariawald, Staudamm Schwammenauel, am Staubecken Heimbach (Steinbachstraße, nur mittags und nachmittags geöffnet)

Besondere Hinweise:

• Voraussichtlich ab dem Jahr 2006 wird es eine Wegeneuordnung im Nationalpark Eifel geben. Sie sind an die dann geltende Wegeführung gebunden, falls diese von der hier beschriebenen Wegeführung abweicht. Beachten Sie bitte die entsprechenden Hinweise.

Hinweise zu weiteren Informationen in der näheren Umgebung:

• Das Wasser-Info-Zentrum in Heimbach bietet Informationen zu Nutzung und Natur des Wassers: (Ö) täglich 14–17 Uhr außer montags. Am Eichelberg 6, Tel. 024 46/911 99 06, www.wasser-info-zentrum-eifel.de.

• Das Haus des Gastes in der Straße „Über Rur“ bietet eine ständige Naturerlebnis-Ausstellung: (Ö) täglich 10–12 und 14–17 Uhr.

• Das Jugendstil-Kraftwerk Heimbach ist täglich geöffnet, (Ö) Führungen täglich, wochentags 14.30 Uhr, Samstag und Sonntag 14 Uhr, Gruppen n. V.: RWE Energie AG, Tel. 026 32/704 248, Fax 026 32/704 248.

Empfohlene Jahreszeiten: Frühling bis Herbst

Alte Buchen am Wanderweg 9

Streckenverlauf

◆ (1) Vielleicht sollten Sie sich vor der Tour die Zeit nehmen, die Klosteranlage *(Thema: Die Abtei Mariawald, S. 123)* zu besichtigen und sich über die Öffnungszeiten des Klosterrestaurants zu informieren. Auf dem Parkplatz wenden Sie sich nach Südwesten (Kloster im Rücken) und überqueren den Parkplatz der Länge nach bergan.

◆ (2) An seinem Ende, neben einer Informationstafel, folgen Sie einem ca. 50 m langen Fußpfad, der auf eine Wirtschaftsstraße mündet.

◆ (3) Auf diese biegen Sie nach rechts ein und folgen ihr für etwa 250 m zum Ehrenfriedhof der Abtei Mariawald *(Thema: Der Ehrenfriedhof Mariawald, S. 124)*. Picknickplätze laden zu einem Halt mit Fernblicken über die bewaldeten Höhen der Eifel und des Nationalparks ein. Bei gutem Wetter reicht die Sicht bis zur Rheinebene.

◆ (4) Sie folgen der Treppe und dem mit Steinplatten ausgelegten Weg auf den Ehrenfriedhof.

◆ (5) Etwa in der Mitte des Friedhofs biegen Sie an einer Eibenhecke auf einen Fußpfad nach rechts ab, der durch ein Seitentor in den Wald führt und nach ca. 50 m auf einen Waldweg (WW8, 9 Heimbach/Rutalsperre) mündet.

◆ (6) Auf diesen biegen Sie nach rechts ab und folgen ihm bis zur nächsten Gabelung nach ca. 100 m.

Staubecken Heimbach

◆ (7) Hier biegen Sie auf den Fußpfad nach links ab (WW8) hinab ins Tal des Herbstbachs *(Thema: Flusskrebse im Nationalpark, S. 132)*. Diesen überqueren Sie nach ca. 500 m in einer Haarnadelkurve. Den von links und oben einmündenden Fußpfad lassen Sie unbeachtet und folgen dem WW8 entlang des Herbstbachs über weitere 750 m talabwärts, wo Sie, etwas nach links versetzt, einen Weg queren, um nach weiteren 750 m auf den hangparallelen Wirtschaftsweg WW9 zu treffen.

◆ (8) Auf diesen biegen Sie nach links ein und verlassen das Herbstbachtal. Der Weg führt wechselweise durch Fichten- und Laubmischwald *(Thema: Schmetterlinge der Baumwipfel, S. 128)* und an offenen Felsen vorbei *(Thema: Lebensraum Fels, Tour 6, S. 144)*. Eine Hütte nach 250 m lädt zur Rast ein. Am Rande des Steinbachtals finden Sie einige mächtige alte Buchen *(Thema: Buchenwälder, Tour 3, S. 82)*. In einer Haarnadelkurve nach weiteren 750 m überqueren Sie das Rinnsal des Steinbachs. Den nach links abbiegenden Fußpfad lassen Sie unbeachtet und folgen dem Weg weiter, der nach 500 m vom WW10 gekreuzt wird. Sie folgen dem WW9 weiter 750 m bis zu einem Aussichtspunkt, von dem aus Sie einen beeindruckenden Fernblick nach Norden und Osten über das Staubecken Heimbach mit seinem Umspannwerk haben sowie im fernen Westen auch auf den Staudamm Schwammenauel und den Rursee *(Thema: Der Rursee, Tour 2, S. 68)*. Hinter sich finden Sie ein Betriebsgebäude des Urftstollens, der zum Kraftwerk Heimbach führt *(Thema: Das Jugendstil-Kraftwerk Heimbach, S. 122)*. Nach weiteren 750 m macht der Weg eine Rechtskurve. Linksseitig des Weges können Sie nun ein prächtiges kleines Eichenwäldchen *(Thema: Eichenwälder, Tour 1, S. 42)* mit Wachtelweizen finden.

◆ (9) Der Weg mündet nach 250 m hinter einer Schranke auf die L15, der Sie für 100 m (der ausgezeichnete Wanderweg führt hinter der Leitplanke entlang) nach rechts bergab folgen.

◆ (10) Hier können Sie sich für einen Abstecher zum Staudamm Schwammenauel entscheiden, an dessen Ende die Möglichkeit zur Einkehr besteht. Andernfalls biegen Sie auf die nächste Wirtschaftstraße am Waldrand entlang nach rechts ab und wandern bald in weiten Serpentinen (Abzweig nach rechts in der ersten Haarnadelkurve unbeachtet lassen!) abwärts durch die Hangwiesen ins Tal, an deren Hecken Hopfen rankt und die von Hochstaudenfluren aus Wasserdost und dem seltenen Zwergholunder gesäumt sind *(Thema: Hochstaudenfluren, Tour 6, S. 150)*. Auf den Wiesen weiden Galloway-Rinder, die in der bewirtschafteten Landschaft ökologisch

Am Staubecken Heimbach

Natürliche Lichtung mit Totholz und jungen Buchen

eine ähnliche Rolle spielen wie der Auerochse in der Naturlandschaft *(Themen: Der Truppenübungsplatz auf dem Weg zur Naturlandschaft, Tour 4, S. 104, Die Zukunft der Offenflächen, Tour 4, S. 108).* Nach etwa 1,25 km mündet die Straße auf die Uferrandstraße des Heimbacher Staubeckens.

◆ (11) Auf diese biegen Sie nach rechts ein (WW 9, 1) und folgen ihr für insgesamt 3 km, rechts entlang des Waldes und einer Siedlung aus Wochenendhäusern, links mit Blick wechselweise auf eine Verlandungs- und Röhrichtzone des Staubeckens mit Blässhühnern, Stockenten und Schwänen oder auf die tiefgrünen Wälder, die sich im Wasser spiegeln. Nach etwa 500 m passieren Sie das Kraftwerk Heimbach *(Thema: Das Jugendstil-Kraftwerk Heimbach, S. 122)*, dessen Besichtigung Sie nicht verpassen sollten. Nach etwa 1,5 km münden von rechts die Straßen Steinbachtal (WW10), Schmalscheidt (Einkehrmöglichkeit) sowie nach weiteren 250 m Herbstbachtal ein, die Sie unbeachtet lassen. Sie passieren das Wehr des Staubeckens.

◆ (12) Ca. 100 m dahinter biegen Sie an einem Haus rechtsseitig auf den mit einer Treppe beginnenden Fußpfad WW7, 8 ab nach Heimbach/Mariawald. Steil führt der idyllische Pfad durch Eichenmischwald nach oben. Nach ca. 100 m verzweigt der Fußpfad. Hier sollten Sie sich entscheiden, ob Sie einen Abstecher zur Burg *(Thema: Heimbach und die Burg Hengebach, S. 126)* und zur Einkehr nach Heimbach einlegen.

Abstecher zur Burg Hengebach:

◆ (13) Sie folgen dem Fußpfad nach links und gelangen nach 250 m auf die L249.

◆ (14) Auf diese biegen Sie nach links ein (Achtung, Autoverkehr!) und wandern über 250 m bergab bis zur Burg Heimbach. Sie können auf der Burg oder im Ort einkehren. Auf demselben Weg wandern Sie zurück.

Ohne Abstecher:

◆ (13) Sie biegen auf den im spitzen Winkel nach rechts oben verlaufenden WW7, 8, 9 ein und folgen ihm kurvenreich und steil bergan.

◆ (15) Nach weiteren 100 m überqueren Sie in einer Spitzkehre den Ruppenbach und biegen dahinter auf den mit einer Treppe beginnenden Fußpfad WW7, 8 nach links in Richtung Mariawald ab. Über 250 m führt der Weg durch das wildromatische Kerbtälchen des Ruppenbachs steil bergan durch einen Laubmischwald *(Thema: Vögel im Naturwald, S. 130)*, um dann die L249 zu überqueren und sich anschließend über den Kreuzweg des Klosters Mariawald fortzusetzen. Diesem folgen Sie über einen weiteren Kilometer, um anschließend die windungsreiche L249 erneut zu überqueren. Sie verlassen den Wald und wandern den Wirtschaftsweg entlang der Klostermauer, um nach 500 m das Kloster zu erreichen.

Kreuzwegstation der Abtei Mariawald

Das Jugendstil-Kraftwerk Heimbach

Jugendstil-Kraftwerk Heimbach

Mit dem Bau der Urfttalsperre 1905 sollte in der Region nicht nur ein wichtiger Beitrag zum Hochwasserschutz geleistet werden – auch das ehrgeizige Ziel, die Nordeifel zu elektrifizieren, war für den Bau maßgeblich. Noch heute ist das eindrucksvollste Zeugnis dieser fortschrittlichen Gesinnung zu sehen: das Jugendstil-Kraftwerk von Heimbach. Als es Ende 1905 in Betrieb ging, war es mit seinen 12 Megawatt Leistung das größte Wasserkraftwerk Europas. Es ist über einen 2,7 km langen Stollen durch den Kermeter und einer sich anschließenden Druckrohrleitung mit dem Urftsee verbunden. 16 m^3 Wasser pro Sekunde stürzen durch die Leitung den Berg hinab und trieben früher acht Francisturbinen an. 1975 wurden die alten Turbinen durch zwei neue, leistungsfähigere Maschinen ersetzt. Heute erzeugt das Kraftwerk immerhin noch 25 Megawatt elektrische Energie.

Das Kraftwerk ist inzwischen liebevoll restauriert. Besonders beeindruckend sind die baulichen Details im Jugendstil sowie das Innere mit der großen Schaltzentrale und zwei historischen Turbinensätzen. Eine Ausstellung über historische Elektrogeräte ergänzt die Einrichtung.

Das Gebäude erinnert mit seinen beiden Türmen und dem langgestreckten Baukörper an einen Sakralbau. Solche „Kathedralen der Arbeit" sollten bewusst den industriellen Fortschritt dokumentieren.

Seit einigen Jahren finden in der Generatorenhalle regelmäßig Konzerte statt. Außerdem hat das RWE hier eine Ausstellung zur Alltagsgeschichte der Elektrizität zusammengesellt.

Die Abtei Mariawald

Die Geschichte Mariawalds beginnt bereits vor der eigentlichen Klostergründung, als der Handwerker Heinrich Fluitter auf dem Kölner Markt im Jahre 1471 eine holzgeschnitzte Pieta erwarb und sie im Kermeter Wald aufstellte. Sie wurde schon bald Ziel von Wallfahrten. 1480 schenkte der damalige Landesherr dem Kloster von Clairvaux das Grundstück. Mehrere Jahre später errichteten Zisterziensermönche hier ein erstes Kloster, das bald den Namen „Mariawald" erhielt und sich bis zur Aufhebung 1795 durch die Franzosen zu einem bedeutenden Marienwallfahrtsort entwickelte.

Nach der Säkularisation brachten die Mönche das Gnadenbild 1804 in die Pfarrkirche von Heimbach und konnten es so vor der Versteigerung retten. Das Kloster selbst und vor allem die Kirche verfielen allmählich bzw. wurden sogar mutwillig zerstört.

1860 gründeten Trappisten das Kloster neu. Die von ihnen errichtete Anlage erlitt im Zweiten Weltkrieg nochmals schwere Zerstörungen. Ein Soldatenfriedhof oberhalb des Klosters erinnert an diese Zeit *(Thema: Der Ehrenfriedhof Mariawald, S. 124)*. Heute ist Mariawald neben dem Nonnenkloster Maria Frieden bei Dahlem in der Eifel eine der beiden letzten Niederlassungen des Schweigeordens der Trappisten in Deutschland. Ein strenger Klosteralltag, der bereits um 4 Uhr früh beginnt, bestimmt das Leben. Doch Wanderer und Ausflügler sind in der Klostergaststätte mit ihrer berühmten Erbsensuppe und ihrem Klosterlikör immer willkommen.

Klostergebäude und Kirche von Mariawald

Der Ehrenfriedhof Mariawald

Der Friedhof liegt etwa 450 m hoch am Bergrücken des „Kermeters" bei Heimbach nahe der Abtei Mariawald, dem einzigen Männerorden der Trappisten in Deutschland. Ende der 1930er Jahre wurde unweit des Klosters ein Lager des Reichsarbeitsdienstes eingerichtet. Auf ca. 4 ha Wiesen und Weiden entstanden provisorische Unterbringungsmöglichkeiten der Arbeitskräfte, die für den Bau der Rurtalsperre, der Burg Vogelsang und für Verteidigungsbauwerke des Westwalls eingesetzt wurden. Polnische und ukrainische Zwangsarbeiter waren auch in der Gemeinde Heimbach tätig. Ab Juli 1941 erfolgten nacheinander die Aufhebung der Abtei und die Vertreibung der Mönche. Für den Weiterbetrieb des nunmehr als Gemeindegut geführten Klosters mit umfangreicher Landwirtschaft, Likörfabrik und Gastwirtschaft wurden 20 Ordensmitglieder verpflichtet. Seelsorgerisch wurden sie von einem älteren Pater betreut, der von der Vertreibung verschont wurde. Mit Kriegsbeginn mussten auch die Pater und Brüder in der Wehrmacht Dienst leisten. Das Kloster wurde nun für einige Zeit als Waisenhaus genutzt. Zeitweise war im Kloster auch ein Gefechtsstand deutscher Truppen eingerichtet worden. 1943 musste für den Raum Heimbach erstmals Fliegeralarm gegeben werden. Ab Herbst 1944 stand der Raum Heimbach nahezu pausenlos unter Beschuss feindlicher Artillerie. Deutsche Pioniere sprengten daraufhin den Dachreiter der Klosterkirche, der Zielpunkt des feindlichen Feuers gewesen sein soll. Es wurde sogar die Zerstörung der gesamten

Kriegsgräberstätte Mariawald

Klosteranlage in Erwägung gezogen, verantwortungsbewusste Offiziere haben dies verhindert. Vieles ist dennoch zerstört worden. Am 2. März 1945 besetzen amerikanische Truppen Heimbach. Von Herbst 1944 bis Frühjahr 1945 befand sich in Mariawald ein Hauptverbandsplatz. Gefallene Soldaten wurden an einem Hang oberhalb des Klosters durch die Ordensgemeinschaft würdevoll bestattet. 1949 wollte man zunächst alle Kriegstoten von Mariawald auf den Soldatenfriedhof Gemünd umbetten; auf Bestreben der Gemeinde Heimbach und des Abtes von Mariawald wurde der Friedhof auf dem klösterlichen Gelände belassen und ausgebaut. 1959 wurde der Ort vom Volksbund Deutsche Kriegsgräberfürsorge zum Ehrenfriedhof ausgebaut. Kriegstote aus Berg, Eicks, Glehn, Hostel und Sauermühle wurden hierhin überführt, ebenso die Gefallenen vom Soldatenfriedhof „Schönblick“ in Heimbach. 414 Tote des Zweiten Weltkrieges ruhen heute auf dem Ehrenfriedhof. Unter ihnen sind auch russische und polnische Soldaten, die in Verbänden der Wehrmacht gekämpft haben.

Ein 11 m hohes Eichenkreuz auf einem Bruchsteinsockel und ein Gedenkplatz bilden den Mittelpunkt der Ehrenanlage. Kreuze aus Grauwacke kennzeichnen die Soldatengräber. An der Treppe angrenzenden Mauer ist eine Kassette mit dem Gräberverzeichnis eingelassen. Der Ehrenfriedhof wurde 1953 offiziell eingeweiht. Alljährlich findet hier am Volkstrauertag eine Gedenkfeier statt, deren Anliegen die Mahnung der Toten an die Lebenden ist, Frieden zu wahren und die Schrecknisse des Krieges und der Gewaltherrschaft nicht zu vergessen.

In Bronze gefasstes Gräberverzeichnis des Ehrenfriedhofs

Heimbach und die Burg Hengebach

An der Einmündung des Heimbachs in die Rur liegt malerisch die Stadt Heimbach im Tal. Hoch über dem Ort erhebt sich auf einem Felssporn die Burg Hengebach. Sie war der südöstliche Außenposten des umfangreichen Besitzes der Grafen von Jülich. Bereits in römischer Zeit war hier wahrscheinlich eine Wehranlage zum Schutz einer Furt über die Rur angelegt worden. Die erste schriftliche Erwähnung eines Herrn von Hengebach ist um das Jahr 1000 n. Chr. datiert. Die Hengebacher Grafen standen in enger verwandtschaftlicher Beziehung zu denen von Jülich. Nach zahlreichen Machtkämpfen der Jülicher mit dem Erzbistum von Köln wurde Heimbach Ende des 13. Jh. mit seinen 16 Ortschaften kleinster Sitz der 30 Jülicher Ämter, besaß eine eigene Gerichtsbarkeit und erhielt 1343 stadtrechtähnliche Privilegien. Dennoch konnte Heimbach als Verwaltungssitz nie an die Position des weiter rurabwärts gelegenen Nideggen heranreichen.

Im Laufe der Jahrhunderte erlitt Heimbach zahlreiche Schicksalsschläge, so wüteten mehrmals die Pest und fremde Truppen im Ort. Besonders schlimm traf es die Siedlung 1687 während der französischen Expansionskriege von Ludwig dem XIV., als Heimbach und die Burg innerhalb von wenigen Stunden einer Feuersbrunst zum Opfer fielen. Dabei verbrannten 180 Häuser im Tal und die Holzbauten von Kirche und Burg.

Blick vom Rurtal auf Burg Hengebach

Einen Aufschwung als Wallfahrtsort erlebte Heimbach nach 1802. Die Mönche der nahe gelegenen Abtei Mariawald mussten durch die Säkularisation das Kloster aufgeben und brachten das bis dahin dort verehrte Gnadenbild, eine Pieta, in die Heimbacher Pfarrkirche. Im Laufe der Zeit stieg die Zahl der Pilger beträchtlich. Um 1900 gab es etwa 28 Prozessionen nach Heimbach, nach dem Ersten Weltkrieg sogar 60. Die nach dem Zweiten Weltkrieg gebaute Wallfahrtskapelle erwies sich schon bald als zu klein. 1977–81 errichtete man daher die größere „Christus-Salvator-Kirche", die nicht nur das Gnadenbild, sondern einen wertvollen Antwerpener Schnitzaltar beherbergt. Inzwischen ist Heimbach auch ein anerkannter Luftkurort, der an der Rur Kneippanlagen sowie einen Kurpark besitzt.

Die Burg Hengebach ist nach zahlreichen Besitzerwechseln 1979 in das Eigentum der Stadt Heimbach übergegangen. Nach umfangreichen Restaurierungsarbeiten der aus Bruchstein errichteten Burganlage, die an einigen Stellen eigenwillig modern mit Beton verstärkt wurde, sind inzwischen der Wehrgang und der Burgfried ganzjährig zugänglich. Besonders eindrucksvoll ist die doppelte Toranlage. Vom Wehrturm hat man einen schönen Ausblick auf Stadt und Umgebung. Eine Burggaststätte lädt zum Verweilen ein.

St. Nepomuk in einer Mauernische der alten Mühle

Alte Mühle in Heimbach mit historischem Mühlstein

Schmetterlinge der Baumwipfel

Weibchen des Großen Eisvogels, braun, mit großen weißen Flecken

Es gibt attraktive, große, auffällige und durchaus häufige Tagfalter im Nationalpark Eifel, die Sie vermutlich noch nie gesehen haben. Das liegt daran, dass sich diese Schmetterlingsarten fast ausschließlich in den Baumkronen aufhalten. Daher kreuzen sie unser Gesichtsfeld so gut wie nie und bleiben uns unbekannt.

Zu diesen Tagfalterarten gehören der Große Eisvogel *(Limenitis populi)* und der Große Schillerfalter *(Apatura iris)*. Beide Arten gehören zu den Edelfaltern, einer Schmetterlingsfamilie, deren Vertreter sich durch ihre Größe und Schönheit auszeichnen.

Die Schmetterlinge der Baumwipfel ernähren sich ganz überwiegend vom Honigtau der Blätter und nicht vom Nektar krautiger Pflanzen, wie die meisten Tagfalter. Honigtau entsteht durch die zuckerhaltigen Ausscheidungen von Myriaden von Pflanzensaugern, die Blätter anstechen und die Säfte des Baumes saugen. Dabei können sie nicht alle Zuckerstoffe verdauen und scheiden einen großen Teil davon wieder aus – Sie haben diesen süßen Regen vielleicht schon einmal unter Alleenbäumen in der Stadt bemerkt, der Ihren geparkten Wagen mit einer klebrigen Schicht überzogen hat.

Männchen mit kleinen weißen Flecken und schwachem blauen Schillern

Oben: Weibchen des Großen Schillerfalters, braun

Unten: Männchen mit kräftigem blauen Schillern

Nur wenn Sie im Sommer an einem steilen, mit Laubbäumen bestandenen Abhang stehen und sich mit den Baumwipfeln auf Blickhöhe befinden, haben Sie die Möglichkeit, die schönen und großen Falter zu entdecken. Eine Gelegenheit, bei der sie sich ausnahmsweise einmal zu uns herablassen, sind Sommerregen nach einer längeren Trockenperiode. Dann können Sie diese Falter auf freien Bodenstellen (z. B. Waldwegen) bei der Aufnahme von mineralreichem Bodenwasser beobachten. Auch Tierkot und Aas sind gelegentliche Nahrungsquellen, aus denen sie Aminosäuren für ihren Eiweißbedarf aufnehmen, sowie auch saftige Früchte wie Brombeeren oder Wildkirschen.

Bei beiden Arten zeigen die Männchen neben ihrer Musterung ein blaues Schillern auf den Flügeln, das beim Schillerfalter stark, beim Eisvogel nur schwach ausgeprägt ist. Es wird nur unter einem bestimmten Einfallswinkel des Lichtes sichtbar.

Der Große Schillerfalter kommt nicht selten vor im Nationalparkgebiet. Mit etwas Glück können Sie diese Art in Bachauen beobachten. Dabei müssen Sie genau hinsehen – im Licht- und Schattenspiel des Laubdaches ist er mit seinem braun-weißen Muster kaum zu entdecken. Die Weibchen legen ihre Eier im Sommer auf die Blätter von Salweiden, häufig in unmittelbarer Nachbarschaft von Stieleichen, die Schatten und Kühle spenden. Die Raupe frisst bis zum Herbst an einem einzigen Blatt der Weide und besitzt zu Tarnzwecken genau dessen grüne Farbe. Zum Herbst hin verfärbt sie sich grau und sucht Rindenritzen auf, um zu überwintern. Zum Frühjahr hin wandert die Raupe zu den Knospen und verfärbt sich synchron mit diesen über braun zu grün, um die frischen Blätter bis in den Juni hinein weiter zu beweiden. Dann verpuppt sie sich und entlässt etwa Anfang bis Mitte Juli den ausgewachsenen Falter.

Der Eisvogel kommt viel seltener im Nationalpark vor. Er lebt an Waldrändern entlang der Bäche. Bei dieser Art suchen die Geschlechter in Gruppen besonders hohe Bäume (Wipfelbalz) oder auch Felskuppen (Gipfelbalz) auf, um einen Paarungspartner zu finden. Die Raupen leben an Zitterpappeln.

Grauspecht züngelt nach Ameisenpuppen

Vögel im Naturwald

Der bedeutendste Unterschied des Waldes im Nationalpark Eifel zu den umliegenden Wirtschaftswäldern besteht im höheren Anteil von Alt- und Totholz *(Thema: Altholz und Totholz, Tour 2, S. 62)* sowie in der Lückenhaftigkeit des Waldes, die die Ansiedelung von Kräutern, Sträuchern und Jungbäumen nach sich zieht.

Durch die entstehenden Strukturen hält der Naturwald ein größeres Angebot an Nahrungs-, Nist- und Versteckmöglichkeiten für Tiere bereit. Die häufigen Vogelarten unserer Wirtschaftswälder sind auch im Naturwald in großer Zahl vertreten. Zusätzlich kommen im Naturwald Vögel mit besonderen Ansprüchen vor. Die meisten Spechtarten sind auf eine ausreichende Menge an Alt- und Totholz angewiesen, in besonderem Maße der Mittelspecht *(Thema: Der Mittelspecht, Tour 2, S. 66)*, der Schwarzspecht und der sehr seltene Grauspecht. Grauspechte sind in Deutschland nur mit geschätzten 9 000–32 000 Brutpaaren vertreten. Der Grauspecht sucht bevorzugt Ameisenbauten auf, die sich unter der Rinde oder im Totholz befinden, wo er mit seiner Zunge in den Gängen erwachsenen Tieren, Larven und Puppen nachspürt.

Mausartig huschend klettern grau-braune Baumläufer an alten Bäumen hoch. Ihre rissige Rinde bietet ihnen genügend Lücken und Ritzen, aus denen sie mit ihrem schmalen, gebogenen Schnabel Insekten herausklauben können. Hat der Baumläufer einen Baum abgesucht, fliegt er die Stammbasis des Nächsten an, um auch hier wieder in Schlangenlinien nach oben zu laufen.

In geschlossenen Hallenwäldern *(Thema: Buchenwälder, Tour 3, S. 82)* suchen Misteldrossel und Waldlaubsänger die hohen Singwarten der Altbäume für ihren Liedvortrag auf.

Mit mehr als 30 Brutpaaren kommt die Hohltaube im Naturwald des Kermeters vor. Die grau-blaue Art mit dunklen Schwanz- und Flügelenden ist auf vorhandene Baumhöhlen angewiesen, in denen sie ein Nest aus Reisig anlegt. Häufig ist sie „Nachmieterin" des Schwarzspechtes.

Wo Bäume umgebrochen sind und größere Lichtungen und Freiflächen geschaffen haben, finden Sie den Baumpieper, der im Frühling von vereinzelt stehenden Gebüschen melodisch trillernd zu seinem auffälligen Balzflug aufsteigt und mit halb angelegten Flügeln zur benachbarten Singwarte herabschwebt.

Wo in den Eichenwäldern Blaubeeren einen dichten Unterwuchs bilden und Gestrüppe und umgestürzte Bäume den Waldboden unwegsam machen, ist das Haselhuhn zu Hause. Die Henne baut ab April ein Nest am Waldboden und begibt sich schon kurz nach dem Schlüpfen mit ihren Jungen auf Nahrungssuche. Haselhühner sind Standvögel, die auch im Winter im Gebiet bleiben.

Die Abgeschiedenheit ausgedehnter Wälder benötigt der scheue Schwarzstorch, um störungsfrei in den Baumkronen nisten zu können *(Thema: Der Schwarzstorch, Tour 7, S. 164)*. Auch seltene Greifvögel wie Wespenbussard und Schwarzmilan bauen hier ihre Nester.

Der Naturwald bietet mit seinem vielfältigen Angebot an Strukturen und Bedingungen einer artenreichen Vogelwelt Lebensraum.

Im Licht- und Schattenspiel des Waldes gut getarnt: weibliches Haselhuhn

Flusskrebse im Nationalpark

Das Vorkommen der Flusskrebse im Nationalpark Eifel kann man nicht getrennt sehen vom Schicksal der Flusskrebse in ganz Deutschland. Der Name „Flusskrebs“ bezeichnet die Familie, ihr häufigster heimischer Vertreter ist – oder besser „war“ – der Edelkrebs *(Astacus astacus)*. Eine sehr viel seltenere heimische Art ist der Steinkrebs *(Austropotamobius torrentium)*. Während der Edelkrebs bis ins 19. Jh. als relativ anspruchsloser Organismus eine Charakterart der mitteleuropäischen Seen und Bäche war, ist das Vorkommen des selteneren Steinkrebses auf das südliche und südöstliche Mitteleuropa begrenzt. Sein Lebensraum sind die kühleren Oberläufe von Gebirgsbächen. In Nordrhein-Westfalen findet er seine nördliche Verbreitungsgrenze. Der Edelkrebs mit bis zu 18 cm Länge stellte im Gegensatz zum Steinkrebs (bis 10 cm Länge) in der Vergangenheit auch eine begehrte Zusatznahrung für breite Bevölkerungsschichten dar.

Wasserverschmutzung, Ausbau und Unterhaltung der Gewässer sowie die Bevölkerungszunahme reduzierten die Bestände des Edelkrebses bis ins 19. Jh., bedrohten sie jedoch nicht mit Ausrottung. Doch um 1860 begann in Norditalien ein großes Krebs-

Anspruchsloser Bachbewohner: Edelkrebs

Selten in Nordrhein-Westfalen: Steinkrebs

sterben. Alle Gewässer verloren ihre Bestände restlos. Die „Krebspest", eine tödliche Pilzerkrankung, war von Nordamerika nach Europa eingeschleppt worden und breitete sich im 19. und 20. Jh. von Süden nach Norden in den Gewässern über ganz Europa aus. 1960 erreichte sie Skandinavien.

Nur weitestgehend isolierte Bestände in sehr abgelegenen Gegenden verschonte die Krebspest. Mit einer einmaligen „Welle" jedoch ist die Krebspest-Epidemie nicht gebannt. Sie ist eine permanente Gefahr für jeden noch existierenden heimischen Flusskrebs-Bestand.

Da die heimischen Krebse so gut wie ausgestorben und ihre ökologischen Nischen unbesetzt waren, wurde von den Fischereiverbänden noch bis in die 1980er Jahre der Einsatz nordamerikanischer Krebse (Kamberkrebs und Signalkrebs) propagiert. Zudem gelangte der Rote Amerikanische Sumpfkrebs über den Aquarienhandel in unsere Gewässer. Diese Arten sind resistent gegen die Krebspest. Sie können zwar erkranken, sterben aber nicht an ihr und sind damit potenzielle Überträger und Verbreiter dieser Epidemie. Erst in den 1990er Jahren besann man sich auf die heimischen Arten und begann, an die Wiederbesiedlung der heimischen Gewässer mit heimischen Arten zu denken. Doch wo die nordamerikanischen Krebsarten in unseren Gewässern auftreten, haben die einheimischen Arten keine Überlebenschance.

Wiederansiedelungsprojekte für die beiden heimischen Flusskrebsarten sind nur sinnvoll an isolierten Standorten. Wegen der Krebspest und der Etablierung der nordamerikanischen Arten werden die heimischen Krebse nie wieder so verbreitet sein können, wie sie es früher waren. Ihr Vorkommen wird für die Zukunft inselhaft begrenzt bleiben. Einige Bäche im Nationalpark Eifel könnten solche Inseln sein. Forschungen müssen erst noch ergeben, ob es Restbestände der beiden heimischen Flusskrebs-Arten in den Bächen des Nationalparks gibt. Anwohner berichten von Krebsvorkommen im Sauerbach bis in die 1950er Jahre. Es besteht also Hoffnung für die heimischen Flusskrebse im Nationalpark Eifel.

Entlang der Urftseeroute

Eine Wander- und Radtour zu den Herausforderungen des Nationalparks

Schwierigkeitsgrad: für Wanderer: ab Bushaltestelle Haftenbach leicht, für Radfahrer: volle Strecke anspruchsvoll, Abkürzungen bis Haus Kermeter mittel, ab Parkplatz Paulushof leicht

Anfahrt mit ÖPNV:

- siehe S.154

Anfahrt mit dem Pkw:

- aus Richtung Aachen B258 bis Roetgen-Fringshaus–Lammersdorf–Rollesbroich–Strauch–Kesternich, dort auf die B266 bis Gemünd
- aus Richtung Köln B265 bis Gemünd, dort auf die B266 Richtung Aachen
- aus Richtung Bonn/Euskirchen B56 bis Euskirchen, dort auf die B266 bis Gemünd

Gegenüber: Ordensburg Vogelsang: Wasserturm und Verpflegungstrakt, aufgenommen am „Tag der offenen Tür“

Parkmöglichkeit und Ausgangspunkt: Gemünd Ortsmitte, Parkplatz „Marienplatz“
Anfahrt zum Parkplatz: von der B266 in Richtung „Salzberg“ und „Kuranlagen“ in die Urftseestraße abbiegen, dann in die zweite Straße rechts „Parkplatz Marienplatz“ einbiegen, nach 100 m links
Wegmarkierungen: teilweise ohne, teilweise Urftseeroute, teilweise örtliche Beschilderung
Tourenlänge: volle Strecke 23,5 km, Abkürzungen ab Forsthaus Mariawald 18 km, ab Haus Kermeter 15 km, ab Parkplatz Paulushof 13 km, ab Parkplatz Haftenbach 11,5 km
Wanderzeit: ab Haftenbach 3–3,5 Stunden (zzgl. 30 Min. Busfahrt)
Fahrtzeiten: volle Strecke 3–3,5 Stunden, Abkürzungen ab Forsthaus Mariawald und Haus Kermeter 2–2,5 Stunden, ab Paulushof und Haftenbach 1–1,5 Stunden
Einkehrmöglichkeiten: Gemünd, Wolfgarten, Urftstaumauer
Besondere Hinweise:

- Voraussichtlich ab dem Jahr 2006 wird es eine Wegeneuordnung im Nationalpark Eifel geben. Sie sind an die dann geltende Wegeführung gebunden, falls diese von der hier beschriebenen Wegeführung abweicht. Beachten Sie bitte die entsprechenden Hinweise.
- **WARNUNG!** Diese Tour führt in Teilen über den Truppenübungsplatz Vogelsang und kann nur an Samstagen, Sonntagen und gesetzlichen Feiertagen durchgeführt werden: (Ö) Samstag, Sonntag und Feiertage vom 1. April–31. Oktober 8–20 Uhr, vom 1. November–31. März 8.30–17 Uhr.
- Diese Tour führt **nicht** zur „Ordensburg“ Vogelsang (sie liegt unzugänglich im Militärbereich).
- Diese Rundtour können Sie flexibel an verschiedenen Stellen abkürzen. Nur sehr sportliche Radfahrer sollten den steilen Anstieg von Gemünd zum Forsthaus Mariawald selbst fahren. Als Gelegenheitsradfahrer sollten Sie diese Teilstrecke mit der „Wasserlinie“ (verkehrt Mai-Oktober an Samstagen, Sonntagen und an gesetzlichen Feiertagen; Abfahrtzeiten im Nationalpark-Fahrplan; Fahrtzeit max. 30 Minuten) zurücklegen, in der eine Fahrradmitnahme möglich ist. Der Bus hält an drei Stationen auf dem Bergrücken des Kermeters sowie an einer Station auf halber Höhe bei der Abfahrt zum See. Wegen der hohen Lärmemissionen an Sonn- und Feiertagen durch Motorradfahrer ist die Radtour erst ab Haltestelle Paulushof empfehlenswert

Empfohlene Jahreszeiten: Mai bis Oktober

Streckenverlauf

◆ (1) Falls Sie sich entscheiden, mit der „Wasserlinie“ eine der Abkürzungen zu wählen, wenden Sie sich der Fußgängerzone zu und folgen der Einkaufsstraße für ca. 500 m. Am Ende erreichen Sie die Mündungsstelle der Olef in die Urft (Ortsname: „Gemünd“). Sie überqueren die Olef, wenden sich nach links und überqueren über eine weitere Brücke die Urft. Sie biegen dahinter nach rechts ab in die kleine Gasse entlang der Urft ein, der Sie für weitere 250 m bis zum Ende folgen, wo sich die Bushaltestelle „Gemünd Mitte“ in der Nähe der Einmündung der B265 befindet. Wechseln Sie an der B266 für die richtige Fahrtrichtung die Straßenseite. Je nachdem, für welche Haltestelle Sie sich entscheiden, lesen Sie bitte jetzt an der entsprechenden Textstelle „Abkürzung ab ...“ weiter (und dann alle darauf folgenden Teile fortlaufend bis zum Ende).

◆ (2) Andernfalls begeben Sie sich zurück zur B266, biegen nach links auf sie ein und fahren durch den Ort in Richtung Köln/Euskirchen; dabei passieren Sie die zentrale Ortskreuzung.

◆ (3) Nach insgesamt 750 m biegen Sie nach links in Richtung Düren/Zülpich/Heimbach auf die B265 in die Dürener Straße ein, um über 4 km den steilen Serpentinen auf den Kermeter hinauf zu folgen.

◆ (4) Mit der L249 biegen Sie nach links in Richtung Heimbach/Wolfgarten ab und folgen der Straße über 750 m bis zum Forsthaus Mariawald.

Am Urftsee

Abkürzung ab Forsthaus Mariawald (18 km):

◆ (5) Sie fahren in die Richtung wie der Bus für 1,75 km weiter auf der L249 bis zum Abzweig der L15 in Richtung Aachen/ Schmidt.

◆ (6) Hier biegen Sie nach links ein, nach 1,25 km gelangen Sie an das Haus Kermeter.

Abkürzung ab Haus Kermeter (15 km):

◆ (7) Sie fahren in die gleiche Richtung wie der Bus für 2 km weiter auf der L15 entlang bis zum Abzweig einer untergeordneten Straße „Urftsee" nach links, der etwa 200 m vor dem Parkplatz Paulushof liegt (den an einer Rechtskehre gelegenen Parkplatz können Sie leider nicht an seinem Namen, sondern nur an dem Verkehrsschild „Schmidt 10 km, Schwammenauel 4 km" erkennen).

◆ (8) Auf den Abzweig „Urftsee" biegen Sie nach links ein.

Abkürzung ab Paulushof (13 km):

◆ (8) Sie befinden sich auf WWA3, der steil und windend über 1,5 km zum Urftsee hinab führt. Der Weg verläuft zunächst durch Kiefernwälder, dann durch beeindruckende Buchenwälder *(Thema: Buchenwälder, Tour 3, S. 82)*. Wo Sie die Grenze zum Truppenübungsplatz überschreiten, finden Sie Hinweisschilder zu den Freigabezeiten der Wege, die Sie unbedingt einhalten sollten. Abgehende untergeordnete Wege lassen Sie unbeachtet, bis Sie in Serpentinen die Bushaltestelle am Haftenbach erreichen.

Existenzkampf von Traubeneichen am erodierenden Fels

Abkürzung ab Haltestelle Haftenbach (11,5 km):

◆ (9) An dieser Haltestelle sollten Sie im Hochsommer Ihre Aufmerksamkeit auf die Hochstaudenflur *(Thema: Hochstaudenfluren, S. 150)* im Winkel der Spitzkehre richten, auf der der seltene Zwergholunder einem großen Bestand bildet. Sie folgen der Straße bergab, die nach etwa 500 m auf den Urftseeuferweg mündet.

◆ (10) Hier können Sie sich für einen Abstecher zur Urftmauer entscheiden *(Thema: Die Urftstaumauer, Tour 4, S. 100)*. Einkehrmöglichkeit, Hin- und Rückweg 2 km.

Hauptstrecke:
Für den Abstecher biegen Sie nach rechts auf den Urftseeuferweg ein, andernfalls folgen Sie dem Weg nach links durch das geöffnete Gattertor. Der Weg führt nun über 11 km am Ufer des Urftsees und der Urft entlang. Während sich Ihnen rechtsseitig ein Blick auf die Wasserfläche des Stausees bietet, erheben sich linksseitig bewaldete Böschungen und steile Felsen mit schütterem Bewuchs. Im Hochsommer blüht an einigen Stellen das Heidekraut zwischen niedrigen Traubeneichen, die bis an die Felskanten vorgedrungen sind. Sie kommen an vier Bereichen vorbei, die als Schussziele von Schießständen dienen. Die offenen Felsen werden gerne von Eidechsen *(Themen: Lebensraum Fels, S. 144, Der Uhu, S. 146, Die Mauereidechse, S. 148)* zur Besonnung genutzt. Sie passieren vielfach Eichenwälder *(Thema: Eichenwälder, Tour 1, S. 42)* und haben an einigen Stellen einen guten Blick auf die Ordensburg *(Thema: Die Ordensburg Vogelsang, S. 140)*. Schließlich verengt sich der See zum Bach, und Sie passieren die Grenze des Truppenübungsplatzes. Unter dem Namen „Urftseestraße" erreicht die Straße Gemünd. Abzweige nach links oder rechts lassen Sie unbeachtet.

◆ (11) Kurz vor ihrem Ende zweigen Sie nach links in die Straße „Marienplatz" zurück zum Parkplatz ab.

Urftsee mit Fernblick auf den Wasserturm der Ordensburg Vogelsang

Die nationalsozialistische „Ordensburg" Vogelsang

Mannschaftsräume und Sportanlagen der „Ordensburg" Vogelsang über dem Urftsee; am gegenüberliegenden Ufer die Urftseeroute mit Zielplatz (kahler Fels) für Schießübungen

Die so genannte „Ordensburg" Vogelsang ist als nationalsozialistische Schulungsstätte seit 1934 errichtet worden. Mit einer Burg im historischen Sinne als Wohn- und Wehranlage des mittelalterlichen Adels bzw. der Ritterorden hat sie nichts zu tun. Gerne griffen die Nationalsozialisten solche Begriffe auf, um sie in ihre Ideologie einzubinden. Neben Vogelsang bei Gemünd sind zwei weitere „Ordensburgen" in der NS-Zeit entstanden: die Anlagen in Sonthofen sowie in Crössinsee in Pommern. Daneben waren weitere Burgen geplant, u. a. in Marienburg im heutigen Polen. Diese Stätten wurden zunächst 1934 von Dr. Robert Ley ohne speziellen Bildungsauftrag für die Deutsche Arbeitsfront (DAF) errichtet, doch im Laufe des Bauprozesses wurde klar, dass diese Anlagen mit ihren riesigen Dimensionen als Schulen für die künftige NS-Elite dienen sollten.

Mit dem Bau von Vogelsang wurde der Kölner Architekt Clemens Klotz beauftragt. Er plante neben der eigentlichen „Burg" mit Burgschänke, Adlerhof, Speisesaal, Gemeinschaftshaus und dem Wirtschaftshof nach Norden hin Unterkunftshäuser und Sportstätten. Daneben waren ein Gästehaus, ein Krankenhaus, eine Reit- und Exerzierhalle, verschiedene Unterkünfte für Angestellte, eine Post sowie im Zentrum der Anlage das Haus des Wissens mit einer riesigen „Ehrenhalle" vorgesehen. Ab 1934 ging man an die Terrassierung des zur Urfttalsperre abfallenden Geländes. Mehr als 270 000 m³ Fels und Erde mussten gesprengt und bewegt, riesige Mengen von Baumaterial über die Bahn bis Gemünd und dann auf Lkws auf die Anhöhe transportiert werden. Da zwischenzeitlich fast 2 000 Arbeiter vor Ort beschäftigt waren und damit die in der Eifel herrschende Arbeitslosigkeit eingedämmt wurde, begleitete die anfangs skeptische Bevölkerung das Projekt zunehmend mit

Euphorie. Zwischen 34 und 36 Mio. Reichsmark wurden bis zum Ende der Bauarbeiten 1941 für das Projekt aufgebracht. Es handelte sich zum großen Teil um Geld der 1933 gewaltsam durch die Nazis aufgelösten Gewerkschaften.

Ab 1936 lief die Ausbildung der so genannten „Junker" an. Neben einem harten militärischen Drill und Körpertraining wurden den angehenden NS-Führungskräften Themen wie Rassenkunde, Geo- und Geschichtspolitik vermittelt. Auch fanden auf der Burg Feste und „braune" Hochzeiten statt.

Der näher rückende Krieg verhinderte die vollständige Umsetzung der baulichen Pläne. Das Haus des Wissens beispielsweise wurde nie verwirklicht. Während des Krieges nutzte man die Anlage als Lazarett und Schule. Da hier zwischenzeitlich schwangere Frauen aus Köln und der näheren Umgebung untergebracht waren und natürlich auch hier entbanden, hielt sich lange Zeit das Gerücht, Vogelsang sei eine Filiale des „Lebensborns" gewesen.

Während des Krieges wurden die Anlagen nur unwesentlich zerstört. Bis heute dienten sie der militärischen Nutzung im Rahmen des Truppenübungsplatzes Vogelsang. Seine historischen Teile wurden 1989 unter Denkmalschutz gestellt.

Es ist eine Herausforderung im Nationalpark Eifel, für dieses ambivalente Zeugnis von durchaus historischer Bedeutung eine sinnvolle Verwendung zu finden.

Nationalsozialistische Skulptur am „Kultplatz": der Fackelträger

Der geologische Untergrund im Nationalpark

An zahlreichen Punkten im Nationalpark Eifel, vor allem an den Steilufern von Urft- und Rurtalsperre, finden sich exponierte Felsgruppen und steile Böschungsränder, in denen das Gestein des Untergrunds zu Tage tritt. So gehört auch die geologische, die unbelebte Natur zu den vielfältigen Erscheinungen, die zum landschaftlichen Reiz des Gebietes beitragen.

Das Gebiet des Nationalparks Eifel ist, geologisch gesehen, relativ einheitlich aufgebaut. Es besteht im Wesentlichen aus einer mächtigen Abfolge von devonzeitlichen Tonschiefern und Sandsteinen, die zum gefalteten, aus dem Erdaltertum stammenden Grundgebirgssockel der Eifel zählen. Nach Osten herüber vollzieht sich bei Heimbach–Nideggen der Übergang zu den ungefalteten, aus dem Erdmittelalter stammenden Gesteinen des Deckgebirges, die besonders markant in den roten Sandsteinen der Trias-Zeit erscheinen. Kleinere östliche Randbereiche des Nationalparks ent-

Durch Beschuss offene Sandstein- und Schieferfelsen an der Urftseeroute

halten diese Gesteine im Untergrund. Schließlich treten an einigen Stellen in Talbereichen von Urft und Rur Auenlehme und Lockermassen aus verschieden alten Flussterrassen der Erdneuzeit, namentlich dem Quartär auf.

Versteinerte Rippelmarken vom Sandstrand des devonischen Meeres

Die Gesteine des Grundgebirges sind ehemalige Meeresablagerungen und stammen aus der Unterdevonzeit vor 400–385 Mio. Jahren. Zu dieser Zeit erstreckte sich ein Flachmeer, die Eifeler Meeresstraße, mit mehreren Inseln im Süden vor einem nördlichen „Old Red Kontinent". Von diesem wurden große Mengen ton- und sandreicher Sedimente abgetragen und in dem Flachmeer abgelagert. Während der Zeit des Oberkarbons wurden diese Sedimentschichten vor etwa 300 Mio. Jahren verfaltet und zu dem so genannten „variskischen Gebirge" emporgeschoben. Durch hohen Druck und seitlich wirkende Kräfte entstand in den Gesteinen ein neues, gerichtetes Gefüge: Aus den Tonsteinen wurden die in der Eifel so häufigen Schiefergesteine. Im Südwesten des Nationalparkgebietes war die Schieferung so günstig, dass hier Dachschiefer entstanden, die in größerem Umfange an der Leykaul westlich Dreiborn und im Wüstebachtal und Püngelbachtal abgebaut wurden. Ab und zu lassen sich in diesen generell eher fossilienarmen Schichten Versteinerungen von Meerestieren z.B. Muscheln und Panzerfischen und von Pflanzenresten finden.

Gesteine aus dem Erdmittelalter (Buntsandstein, Muschelkalk, Keuper) bedeckten einst in durchgehender flacher Lagerung die Schichten des gefalteten Grundgebirges, vornehmlich der als Werkstein bekannte Rotsandstein. Dieser ist nachweislich nicht durch Meeres-, sondern durch Fluss- und Windablagerung entstanden. Heute finden sich diese Gesteine nur noch in einem von Nord nach Süd gerichteten Senkungsbereich, wo sie z. B. in der Trierer und der Mechernich–Nideggener Trias-Bucht der Erosion entgangen sind. Letztere grenzt an das Nationalparkgebiet; wo auf einigen Erhebungen ganz im Osten Buntsandsteinkappen liegen, wie am Heidkopf, dem Rossberg und dem Altenberg bei Mariawald.

Lebensraum Fels

Die Ufer des Rursees sind geprägt von bewaldeten Hängen, aus denen schroffe Felsen ragen. Der Lebensraum „Fels“ bietet besondere Möglichkeiten, stellt aber auch besondere Anforderungen an seine pflanzlichen und tierischen Bewohner. Je nach Nord- oder Südausrichtung und Exposition sind die Felsen stärker oder schwächer der Sonne ausgesetzt und bieten unterschiedliche Lebensbedingungen.

An exponierten Felsen müssen die Pflanzen Hitzeextremen im Sommer und Kältespitzen bei eisigen Winden im Winter begegnen können. Zudem fließt nach einem Regenschauer das Wasser schnell ab und wird nicht, wie im Boden, zunächst einmal gespeichert. Es steht der Pflanze nicht mehr zur Verfügung, weshalb ein Felsstandort auch immer durch Trockenheit geprägt ist. Nur wenige Pflanzen haben im Verlauf der Evolution für solche Bedingungen Überlebensstrategien entwickelt, weshalb viele Felsstellen kahl und unbesiedelt bleiben. Wo z. B. durch regelmäßige Nebelbildung über einem Gewässer an Felsen mehr Feuchtigkeit zur Verfügung steht, überziehen „Krustenflechten“ und Algen in grünlichen, bräunlichen oder rötlichen Flecken wie Landkarten die Felsen.

Kein Grasbüschel, sondern seltene Pflanze: Nordischer Streifenfarn

Wo sich in den Ritzen Humus ansammeln konnte und zumindest eine geringe Wasserspeicherung möglich ist, können sich auch Farne und Blütenpflanzen ansiedeln, wie z.B. der Nordische Streifenfarn *(Asplenium septentrionale).* Auch er zeigt Anpassungen an seinen Lebensraum.

Farne haben üblicherweise ausladende Wedel, die sich im Schatten des Waldes nicht vor Austrocknung schützen müssen. Im Lebensraum „Fels" jedoch hat der Nordische Streifenfarn im Verlauf der Evolution seine Blattspreiten grasartig verschmälert, um der Sonne möglichst wenig Angriffsfläche zu bieten.

Wespenstaat unter Felsvorsprung

Auch Tiere nutzen die Eigenschaften der Felsen für ihre Lebensbedürfnisse. Vor allem die Wärmeabstrahlung der Felsen im Sommer schafft lokal ein ganz eigenes Kleinklima und kommt den wechselwarmen Eidechsen *(Thema: Die Mauereidechse, S. 148)* entgegen, die nur bei Wärme richtig flink sind und bei Kälte Verstecke aufsuchen müssen, in denen sie, vor Feinden geschützt, ihre Unbeweglichkeit überdauern. Wespen legen ihre Wohnstaaten unter Felsvorsprüngen an. Eine wärmeliebende Schmetterlingsart aus der Familie der Bärenspinner *(Thema: Die Spanische Fahne, S. 149)* findet man auf Wasserdost-Stauden ebenfalls nur in der Nähe der Felsen.

Felsen sind auch der Brutraum von Uhu *(Thema: Der Uhu, S. 146)* und Falke. Diese Felsenbrüter nutzen die schroffe Steilheit des Geländes, um in unzugänglichen Nischen ihre Brut vor Feinden geschützt großzuziehen. Derartige Nischen sind rar und häufig hart umkämpft. Felsen beherbergen mit ihren besonderen Eigenschaften besondere Tiere und Pflanzen.

Der Uhu

Der Uhu *(Bubo bubo)* ist unsere größte heimische Eulenart. Mit einer Flügelspannweite von bis zu 170 cm, seinen Ohrbüscheln und den orangefarbenen Augen ist dieser Felsenbrüter mit anderen Eulenarten kaum zu verwechseln. Aufgrund seiner eigenen Größe kann ein Uhu Jagd auf große Beutetiere machen: Er nimmt es mit Ratten auf, erdolcht mit seinen Krallen Igel durch ihr Stachelkleid hindurch, holt Krähen von ihren Schlafbäumen, schlägt andere Greifvögel wie z. B. den Habicht und kann einen ausgewachsenen Hasen durch die Luft tragen. Doch verschmäht er auch keineswegs Insekten.

Uhus brüten natürlicherweise an Felswänden, deren Steilheit den Nistplatz für Nesträuber wie Füchse unzugänglich macht. Dort suchen sie Nischen und Unterstände als Nistplatz. Gelegentlich nehmen Uhus auch Gebäude als Ersatzbrutplatz an, wie z. B. Kirch- oder Burgtürme. Voraussetzung dafür ist absolute Störungsfreiheit.

Im Februar und März kann man den – nicht sonderlich lauten – Balzruf des Männchens hören, den dieses in hundertfacher Wiederholung verlauten lässt. Das Weibchen legt 2–4 Eier, die sie in den Monaten März und April etwa 35 Tage lang bebrütet, während das

Blinzelnder Uhu

Männchen das Weibchen versorgt. Bereits im Alter von 20 Tagen wandern die Jungen in der Felswand umher, lange bevor sie im Alter von etwa 3 Monaten fliegen lernen.

Der Uhu gehört zu den am stärksten bedrohten Vogelarten Mitteleuropas. Er verschwand in den 1950er Jahren aus der Nordeifel als Folge intensiver Bejagung. Dieser große Greifvogel wurde als Jagdkonkurrenz des Menschen in der ersten Hälfte des vergangenen Jh. in vielen Teilen Mitteleuropas gezielt dezimiert und ausgerottet.

Mit einem verbesserten Umweltbewusstsein in der zweiten Hälfte des vergangenen Jh. hielt der Naturschutz verstärkt Einzug in die Gesetzgebung. Vor diesem Hintergrund wurde 1973 der Uhu im Rurtal wiederangesiedelt. Mit fünf Brutpaaren, die heute zwischen Nideggen und Heimbach nisten, ist der Erfolg jedoch bescheiden geblieben. Ursache dafür ist nicht mehr die Bejagung der Tiere, sondern die Erschließung der Brutfelsen für die Freizeitaktivitäten des Menschen, insbesondere für Wandern und Klettern. Aufgrund ihrer hohen Störungsempfindlichkeit fliehen die Tiere, lange bevor Wanderer oder Kletterer sie bemerken können und meiden Felsen, an denen sie Menschen beobachten.

Steilwände mit Nischen und Vorsprüngen sind potenzielle Brutplätze für Uhus.

Im Gebiet des Nationalparks ist die Bilanz für den Uhu nicht nur bescheiden, sondern vernichtend. Das einzige brütende Paar an den Felsen des Urfttales wurde durch die Öffnung der Urftseeroute vertrieben. Es ist eine der Herausforderungen für den Nationalpark Eifel, zu ermöglichen, dass der Uhu im Nationalparkgebiet wieder brüten kann.

Die Mauereidechse

Eine der bedeutenden Tierarten, die Ihnen bei Ihrer Wanderung oder Fahrt über den Weg huschen werden, ist die Mauereidechse. Sie zeichnet sich durch ihre besondere Wärmebedürftigkeit aus, durch die sie sich in ihren Lebensansprüchen von den hier ebenfalls heimischen Wald- und Zauneidechsen unterscheidet. Daher kommt die Mauereidechse in Deutschland nur an besonders wärmebegünstigten Standorten, meist trockenen Hanglagen in den Flusstälern von Rhein, Neckar, Mosel, Nahe, Lahn und Ahr vor und beschränkt sich schwerpunktmäßig auf den Südwesten Baden-Württembergs und auf Rheinland-Pfalz. Die Population im Nationalpark Eifel an den Felsen des Urftsees ist die bedeutendste in Nordrhein-Westfalen und die am weitesten nördlich gelegene in Deutschland.

Flinker Kletterer: Mauereidechse

Die Mauereidechse ist sehr flink und klettert sehr gut. Die Weibchen legen zwei- bis dreimal im Jahr zwei bis acht Eier in Gänge und Höhlungen unter Steinen. Die etwa 6 cm langen Jungen schlüpfen im August und gehen gleich auf die Jagd nach kleinen Insekten.

Mit der Eröffnung der Urftseeroute im Jahr 2002 entlang der Urfttalfelsen wurde eine Störung mitten durch den Lebensraum dieser für Nordrhein-Westfalen und Deutschland bedeutenden Tierart eingerichtet. Diese touristische Infrastruktur läuft der obersten Zielsetzung des Nationalparks, die Natur zu schützen, zuwider. Es gehört zu den Herausforderungen des Nationalparks, die tatsächlichen Auswirkungen dieses Weges auf die Population der Mauereidechse zu untersuchen und die mit diesem Weg verbundenen Probleme *(s. auch Thema: Der Uhu, S. 146)* naturverträglich zu lösen.

Die Spanische Fahne

Eine auffällige Falterart im Nationalpark Eifel ist die Spanische Fahne *(Callimorpha quadripunctata)* aus der Familie der Bärenspinner. Im Juli können Sie diesen zu den Nachfaltern gehörenden Schmetterling auf den Blüten des Wasserdosts *(Thema: Hochstaudenfluren, S. 150)* in der Nähe von Felsen am Ufer des Urftsees beobachten. Trotz seiner Zuordnung zu den Nachtfaltern ist er auch am Tage aktiv.

Er trägt leuchtend rote Hinterflügel, die von den tarnfarbenen Vorderflügeln in Ruhestellung verdeckt werden. Seine dann dreieckige Form und das Flügelmuster mit den hellen Streifen auf dunkelbraunem Grund lösen die Konturen des Falters auf, wodurch er im Licht- und Schattenspiel der Hochstauden nahezu unsichtbar wird. Bei zu großer Hitze, z. B. am Mittag, verkriecht sich der Falter unter die Blütenstände des Wasserdosts und ruht dort, geschützt vor Feinden.

Die Spanische Fahne ist eine wärmeliebende Schmetterlingsart, die gleichzeitig auf Luftfeuchtigkeit angewiesen ist. Daher finden Sie sie nur unmittelbar am Ufer von Urft- und Rursee, wo sonnenbeschienene Felsen entsprechende Wärme liefern. Die Weibchen legen ihre Eier an verschiedene Pflanzen. Die Raupen ernähren sich von Taub- und Brennnesseln, überwintern und gehen im darauf folgenden Frühjahr zu gröberer Kost an Haselnuss, Brombeere und Himbeere über. Im Juni verpuppen sie sich und schlüpfen im Juli.

Falter der Hochstaudenfluren: Spanische Fahne auf Wasserdost

Hochstaudenfluren

Stauden sind Pflanzen, die mit unterirdischen Speicherorganen den Winter überdauern und während des Sommers einen – meist ansehnlichen – Spross mit Blättern und Blüten, später auch Früchten entwickeln, der im Winter wieder vergeht. Bei Hochstauden ist der Sommerspross besonders groß, oft mannshoch.

Häufige Hochstauden im Nationalparkgebiet sind z. B. die Brennnessel, das Wald-Weidenröschen, das Fuchs-Greiskraut, der Wasserdost und als botanische Besonderheit der Zwergholunder *(Sambucus ebulus).* Er ist eine ansonsten eher seltene Staude, die auf Sommerwärme angewiesen ist und diese im Nationalparkgebiet oft von wärmeabstrahlenden Felsen bezieht, in deren Nähe er siedelt.

Eine andere wärmeliebende, eher an schattigen Standorten vorkommende und ebenfalls recht seltene Staude ist die Tollkirsche *(Atropa belladonna)* mit schwarz glänzenden Früchten. Die Pflanze enthält in allen Teilen hochgiftige Alkaloide, die in geringen Dosen auch zu Heilzwecken verwendet werden. Sie wirken krampflösend (und damit auch pupillenerweiternd) und hemmen die Sekretion von Körperdrüsen. Das bekannteste trägt den Namen Atropin. Aufgrund der pupillenerweiternden Wirkung wurden die Inhaltsstoffe ab dem 18. Jh. auch als Kosmetikum eingesetzt, woher sich der Artname „belladonna" (schöne Frau) ableitet.

Zwerg-Holunder vor Felswand

Schön und giftig: die Tollkirsche

Hochstauden sind Pflanzen, die im Verlauf des Jahres einen hohen Stoffumsatz aufweisen. Jedes Jahr produzieren sie aufs Neue einen großen Pflanzenkörper, für dessen Aufbau sie schnell viele Nährstoffe benötigen. Sie sind daher auf tiefgründige, nährstoffreiche Böden angewiesen. Ihre unterirdischen Speicherorgane helfen ihnen, ihre Lebensaufgabe zu bewältigen: Im Frühjahr werden Nährstoffe aus ihnen zum schnellen Aufbau des Sprosses abgezogen. Ist der Spross ausgebildet, können die Blätter Photosynthese betreiben und den Speicher im Verlauf des Jahres wieder auffüllen. Auch beim Verfall des Sprosses im Herbst werden Abbauprodukte als Reservestoffe wieder eingelagert. Die hohlen Stängel ihrer Überreste werden von Insekten gerne als Überwinterungsquartier genutzt.

Hochstaudenfluren finden sich häufig an Waldrändern oder auch an Störstellen, wo ausreichendes Licht ihr Vorkommen erlaubt. Ihre Blüten bilden ein willkommenes Nahrungsangebot für die Waldinsekten. Augenfällig sind die vielen Schmetterlingsarten, die sich vor allem auf Wasserdost finden: Distelfalter, Admiral, Kaisermantel, Tagpfauenauge, Kleiner Fuchs, Weißlinge, Ochsenauge, Brauner Waldvogel, Landkärtchen sowie in der Nähe der Felsen auch die „Spanische Fahne“ *(Thema: Die Spanische Fahne, S. 149)*. Doch auch viele Insekten, die im Totholz leben und aufwachsen, finden Sie hier bei der Nahrungssuche, wie Bockkäfer und Hornissen. Die Hochstaudenfluren bilden einen wichtigen Mosaikstein im Nahrungsnetz des Waldes.

2

TOUR 7

Auf verschlungenen Pfaden

Wanderung über Bohnpfad, Kohlweg und Kutschweg durch den Nationalpark

Gegenüber: auf dem Bohnpfad

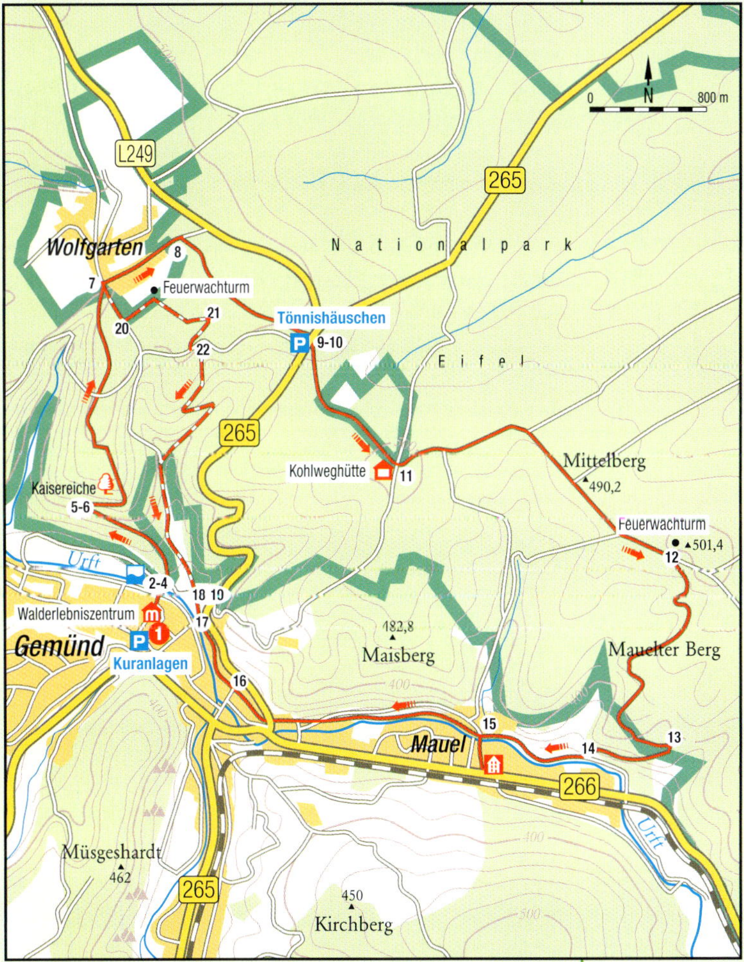

Schwierigkeitsgrad: anspruchsvoll wegen steiler Auf- und Abstiege

Anfahrt mit ÖPNV:

• Vom Bahnhof Kall nach Gemünd täglich mit der Buslinie (829). An Sonn- und Feiertagen in den Sommermonaten fahren hier die „Wald-Linie“ und die „Oleftalbahn“. Die Oleftalbahn hält am Gemünder Bahnhof, etwa 100 m von der Haltestelle „Gemünd Mitte“ entfernt, von der alle Buslinien abfahren. Von Simmerath und Einruhr fährt täglich die „Wildnis-Linie“ (63), von Heimbach die „Wasser-Linie“ (231). Fahrzeiten im Nationalpark-Fahrplan (ab Frühjahr bei Verkehrsunternehmen und Touristinformationen der Region erhältlich).

Anfahrt mit dem Pkw:

• aus Richtung Aachen B258 bis Roetgen-Fringshaus–Lammersdorf–Rollesbroich–Strauch–Kesternich, dort auf die B266 bis Gemünd
• aus Richtung Köln B265 bis Gemünd, dort B266 Richtung Aachen
• aus Richtung Bonn/Euskirchen B56 bis Euskirchen, dort auf die B266 bis Gemünd

Parkmöglichkeit: Gemünd Ortsmitte, Parkplatz „Kuranlagen“

Anfahrt zum Parkplatz: von der B266 in Richtung „Salzberg“ und „Kuranlagen“ in die Urftseestraße abbiegen und dem Hinweis „i“ für Touristeninformation zum Parkplatz in der Kurhausstraße folgen

Ausgangspunkt: Gemünd, „Haus des Gastes“ (i), Kurhausstr. 6

Wegmarkierungen: teilweise ohne, teilweise örtliche Beschilderung, teilweise Eifelsteig, teilweise Wanderwege des Eifelvereins

Tourenlänge: volle Strecke 11,5 km, Abkürzung 4,5 km

Wanderzeit: volle Strecke 3–4 Stunden, Abkürzung 1,5–2 Stunden

Einkehrmöglichkeiten: Gemünd Ortsmitte, Wolfgarten

Besondere Hinweise:

• Voraussichtlich ab dem Jahr 2006 wird es eine Wegeneuordnung im Nationalpark Eifel geben. Sie sind an die dann geltende Wegeführung gebunden, falls diese von der hier beschriebenen Wegeführung abweicht. Beachten Sie bitte die entsprechenden Hinweise.

• Sie sollten nicht verpassen, vor Beginn Ihrer Wanderung dem Walderlebniszentrum (Tel. 024 44/20 11) im „Haus des Gastes“ einen Besuch abzustatten, wo Sie sich über den Kermeterwald informieren können: (Ö) Montag–Freitag 9–13 Uhr, 14–17.30 Uhr, Samstag und Sonntag 10–13 Uhr.

• Das Walderlebniszentrum Gemünd wird voraussichtlich im Jahr 2005 zu einem Besucherzentrum „Nationalparktor Gemünd“ ausgebaut. Beachten Sie bitte die lokalen Hinweise.

Empfohlene Jahreszeiten: Mai bis Oktober

Streckenverlauf

„Hordengatter“ zum Schutz von Buchensämlingen im Fichtenwald

◆ (1) Sie begeben sich vom Parkplatz in Richtung Haus des Kurgastes/Touristeninformation und folgen dem Weg durch die Arkaden des Gebäudes, vorbei an der Touristinformation, bis zum Ende des Hauses, wo Sie sich nach links abwärts in die Kuranlagen begeben. Nach 50 m biegen Sie an einem rechteckigen Brunnenbecken nach rechts in Richtung Schwimmbad ab. Nachdem Sie die Urft überquert haben, wenden Sie sich nach rechts der kleinen Treppe zu und steigen zum Wanderweg hinauf.

◆ (2) Auf diesen biegen Sie nach links ein und folgen ihm für 20 m.

◆ (3) Dort biegen Sie mit dem Bohnpfad (WW2, Kaisereiche) steil nach rechts bergan in den Eichenwald ab (*Thema: Eichenwälder, Tour 1, S. 42*). Den Abzweig in der nächsten Serpentine nach rechts bergab lassen Sie unbeachtet, ebenfalls mehrere „Abkürzungen“, die hier als untergeordnete Trampelpfade sichtbar werden.

◆ (4) Nach 100 m folgen Sie dem Abzweig Kaisereiche nach rechts durch den Traubeneichenwald zunächst in Serpentinen, dann über eine ca. 500 m lange Steilstrecke bergan. Hier tragen die Eichen auf ihrer Borke talseitig einen grau-grünen Flechtenbesatz, der die zum Leben notwendige Feuchtigkeit von der aus dem Urfttal aufsteigenden Luftfeuchtigkeit bezieht. Zudem sind hier Hainbuchen unter die Eichen gemischt. Am Wegesrand finden Sie Bombentrichter aus dem Zweiten Weltkrieg und Reste von Schützengräben.

◆ (5) Wo der Fußpfad auf einen hangparallelen Wirtschaftweg mündet, biegen Sie im spitzen Winkel nach rechts ein und folgen ihm für 20 m.

◆ (6) Mit dem WW2 nach Wolfgarten und zur Kaisereiche verlassen Sie den Weg wieder nach links und folgen dem Fußpfad über weitere 250 m, bis im spitzen Winkel nach links ein Fußpfad zur Kaisereiche abzweigt, zu dem Sie einen Abstecher (hin und zurück 500 m) machen können. Die Kaisereiche unterscheidet sich kaum von den umstehenden Eichen. Sie wurde im Jahre 1906 im Anden-

Eichenstamm mit talseitigem Flechtenbewuchs

ken an die Einweihung der Urftstaumauer durch Kaiser Wilhelm II. von Förstern hier gepflanzt. Eine Hütte lädt zur Rast ein. Ohne den Abstecher folgen Sie Ihrem Fußpfad für weitere 500 m weiter geradeaus. Der Pfad wird nun weniger steil, wandelt sich zum Weg und quert den übergeordneten WWA1. Nach weiteren 500 m mündet der Weg unter einer Eiche mit Rastplatz auf einen Wegestern am Ortsrand von Wolfgarten. Hier müssen Sie sich entscheiden, ob Sie die volle Strecke oder die Abkürzung wählen. Zudem können Sie einen Abstecher zur Einkehr nach Wolfgarten machen, indem Sie dem hier aufgestellten Hinweisschild folgen (1 km hin und zurück bei Abkürzung, 500 m bei Gesamtstrecke).

Abkürzung:

◆ (7) Sie biegen im spitzen Winkel nach rechts ab und folgen dem WW2, Eifelsteig und WWE8 wieder in den Wald hinein, zunächst leicht bergan, nach 100 m bergab.

◆ (20) An einer Gabelung nach 150 m biegen Sie mit dem Eifelsteig und dem WW2 nach links ab und erreichen nach 200 m einen Feuerwachturm. Sie sollten die Gelegenheit nicht versäumen, den Turm zu besteigen, der bis zum 2. Deck zugänglich ist, und den Fernblick über die Eifelhöhen zu genießen. Sie folgen dem Fußpfad des WW2 und dem Eifelsteig über eine Lichtung hinweg in Eichenwald hinein für etwa 250 m. Kurz vor der Einmündung auf einen anderen Fußpfad können Sie linksseitig so genannte „Hordengatter" entdecken. Dies sind Abzäunungen aus Holz, die beim Waldumbau die unter Fichten ausgestreuten Buchensamen und die daraus entstehenden Jungpflanzen vor Fraß und Verbiss durch Wild schützen *(Themen: Die Zukunft des Waldes, Tour 3, S. 80, Rotwild, Tour ,1 S. 46)*. Zudem finden Sie hier flächendeckende Bestände des hellgelben Wiesen-Wachtelweizens und des imposanten Stechenden Hohlzahns sowie gelegentlich auch den pupurfarbenen Heilziest *(Thema: Kräuter des Waldbodens, S. 161).*

◆ (21) Wo der Fußpfad auf einen weiteren einmündet, biegen Sie im spitzen Winkel nach rechts ab und folgen diesem (unbeschriftet). Nach 100 m queren Sie mit dem Eifelsteig den WWA1 (Jägerpfad).

Im Eichenwald am Feuerwachturm: Stechender Hohlzahn

◆ (22) An der dahinterliegenden Pfadgabelung nehmen Sie den kleineren „Bohnpfad“ (WW2) nach links, der sich bald in Serpentinen in Fichten- und Eichenwäldern bergab windet. Nach 500 m kreuzt er einen hangparallelen Wirtschaftsweg, wobei Sie dem Bohnpfad nach Gemünd weiter geradeaus folgen. An den Flanken des steilen Kerbtälchens des Scheuerbachs mischen sich Ahorn, Hasel, Eschen und Hainbuchen unter die Eichen. Auf der Talsohle kreuzen Sie den Scheuerbach über eine Brücke mit Ruhebank und folgen anschließend dem Bachlauf. Ein Galeriewald aus Erlen und Weiden begleitet den Bach. Nach 500 m vereinigt sich Ihr Weg mit dem WW4, 5 und dem WWE8 (Silberquellchen). Hainbuchen lehnen sich idyllisch über den Bach, dessen Aue rechtsseitig in offene Wiesen mit Brennnesseln, Mädesüß und Sumpfkratzdisteln übergeht. Nach 600 m erreichen Sie einen Wegestern.

◆ (18) Sie biegen nach rechts auf einen von einer Birkenallee begleiteten befestigten Fußpfad (WW3, 4) zum Kurpark ab. Sie queren die Talaue des Scheuerbachs und nach 100 m auch den Bach selbst, der rechtsseitig zu einem kleinen Weiher gestaut ist. Hinter dem Stauweiher biegen Sie nach links ab und erreichen nach 50 m das Schwimmbad. Von hier aus nehmen Sie den bekannten Weg zurück zum Ausgangspunkt.

Volle Strecke:

◆ (7) Sie wechseln auf die Straße „Am Merrchen“ halbrechts (2. Abzweig von rechts) und folgen ihr für 500 m in Richtung der Einkehrmöglichkeit (WWA1, 2, WW>), dann ungeachtet abzweigender Straßen und Wege für weitere 500 m bis über das Ortsende hinaus.

◆ (8) Vor einer Rechtskehre der Straße biegen Sie mit dem WWA1, 2 und WW> auf den kreuzenden Waldweg nach rechts ab. Nach 500 m können Sie rechtsseitig so genannte „Hordengatter“ entdecken. Dies sind Abzäunungen aus Holz, die beim Waldumbau die unter Fichten ausgestreuten Buchensamen und die daraus entstehenden Jungpflanzen vor Fraß und Verbiss durch Rehe, Rothirsche und Wildschweine schützen *(Themen: Die Zukunft des Waldes, Tour 3, S. 80, Rotwild, Tour 1, S. 46)*. Sie passieren einen querenden Fuß-

Wald bis zum Horizont: Ausblick vom Feuerwachturm

pfad und setzen Ihren Weg geradeaus bergab in Fichtenwald hinein fort. Reste von Wiesen-Wachtelweizen und Blaubeeren an lichten Stellen des Wegesrandes zeigen den ursprünglichen Standort eines Eichenwaldes an. 100 m vor dem Parkplatz Thönnishäuschen lassen Sie einen Abzweig nach rechts unbeachtet.

◆ (9) Der Weg mündet auf den Parkplatz Tönnishäuschen, den Sie der Breite nach überqueren.

◆ (10) Am anderen Ende folgen Sie einem kurzen Pfad in Richtung „Kohlweg-Hütte“ *(Thema: Die Herstellung von Holzkohle, S. 166)* geradeaus bis zur B265. Diese überqueren Sie (Achtung, Autoverkehr!) und folgen dahinter dem fest geschotterten Forstwirtschaftsweg (WW2 und WW>) über 1 km bis zur Kohlweg-Hütte, ungeachtet untergeordneter abzweigender Wege nach rechts und links.

◆ (11) Am Wegestern wählen Sie den 2. Abzweig von links (beschrankt) und folgen mit dem WW3 und WW> dem übergeordneten „Kohlweg nach Gemünd“ über insgesamt 2 km. Auch auf diesem Streckenabschnitt lassen Sie untergeordnete und gleichwertige Abzweige (auch den Hinweis „Gemünd 4 km“) unbeachtet und bleiben stets auf dem WW3 und WW>.

◆ (12) Wo Sie an Betriebsgebäuden mit Feuerwachturm auf einen Wegestern stoßen, biegen Sie mit dem untergeordneten WW3 nach rechts ab und verlassen den WW>. Sie folgen diesem Weg für insgesamt 1,5 km. Den kreuzenden Weg in einer Linkskehre nach 250 m lassen Sie unbeachtet. Hier finden Sie – als eine der wenigen Stellen im Nationalpark – Buntsandsteinböden mit gerundeten Kieseln im Weguntergrund und an den Hängen, die als ehemaliges Flussgeröll rund geschliffen wurden und durch ihre typische Form ihre Herkunft bezeugen *(Thema: Der geologische Untergrund im Nationalpark, Tour 6, S. 142)*. Zudem finden Sie am Waldrand im Hochsommer ausgedehnte Hochstaudenfluren mit Brennnesseln, Disteln, Fuchs-Greiskraut, Wald-Weidenröschen und knotiger Braunwurz am Wegesrand, die von zahlreichen Faltern besucht werden

(Thema: Hochstaudenfluren, Tour 6, S. 150). Der Weg führt in Serpentinen abwärts.

◆ (13) Mit dem WW3 biegen Sie nach rechts auf einen steil bergab führenden Fußpfad „Kutschweg nach Gemünd" ein und verlassen den Weg. Über 500 m führt Sie dieser Weg durch Eichen-Mischwald mit leuchtend gelbem Wiesen-Wachtelweizen darunter *(Thema: Kräuter des Waldbodens, S. 161*) bis auf die Talsohle zur Urft, wo der Wald feuchtem Weideland und sumpfigen Brachen weicht. Hier mündet der Fußpfad auf eine Straße entlang der Urft.

◆ (14) Auf diese biegen Sie nach rechts ein. Nach 500 m kommen Sie an einer Straßenkreuzung an ein Denkmal des ehemaligen Eisenwerks Mauel *(Thema: Die Eisenindustrie im Schleidener Tal, S. 170)*. Hier können Sie einen Abstecher zur Fabrikantenvilla Poensgen *(Thema: Das ehemalige Röhrenwerk Poensgen und spätere Eisenwerk Schleiden-Mauel, S. 168)* machen.

Abstecher (hin und zurück 600 m):

◆ (15) Sie biegen über eine Brücke auf die Maueler Straße nach links ein und folgen ihr bis zur B266. Auf diese biegen Sie nach links ein und gehen bis zum zweiten Gebäudekomplex auf dieser Seite. Für den besseren Überblick empfiehlt es sich, die Straßenseite zu wechseln und sich einen Gesamteindruck aus größerer Entfernung zu verschaffen. Anschließend kehren Sie auf demselben Weg zur Uferstraße der Urft zurück.

Gelb-grüne Kohldisteln auf feuchter Brache

Hauptstrecke:

◆ (15) Sie setzen Ihren Weg über den WWA3, 4 (Maueler Straße) über einen weiteren Kilometer entlang der Urft fort, während dem sich die Straße zum Weg wandelt. Unterwegs zweigen Parallelpfade und der WWA4 (Eulenweg) ab, Sie aber halten sich weiter geradeaus auf dem WW3 an der Uft entlang. Der Picknickplatz am „Maueler Wasserrad" lädt zur Rast ein und erinnert mit einem Figurenspiel an das Schmiedehandwerk und den Historischen Bergbau der Region. Hinter einer modernen Holzbrücke verschmälert sich der Weg zum Maueler Pfad und erhebt sich einige Meter über den Talgrund. Sie wandern hangparallel durch den Wald auf den Ortskern von Gemünd zu. Der Pfad endet an der B265. Sie überqueren die B265 und folgen einem Hinweisschild „Zum Soldatenfriedhof" in eine schmale Straße mit dem Namen „Tricht".

◆ (16) Nach 250 m mündet die Tricht auf eine weitere Straße, in die Sie nach rechts einbiegen und ihr für 250 m bergan folgen.

◆ (17) 20 m bevor die Straße auf die B265 mündet, zweigen Sie nach links auf den Nachtigallenweg ab und passieren die letzten Häuser. Die Straße wandelt sich zum Weg und führt bergab in den Wald hinein.

◆ (18) Nach 250 m biegt von links ein Fußpfad ein, auf den Sie abbiegen. Er mündet nach etwa 400 auf einen von einer Birkenallee begleiteten befestigten Fußpfad (WW3, 4).

◆ (19) Auf diesen biegen Sie nach links ein und erreichen nach 50 m den kleinen Stauweiher des Scheuerbachs. Hinter dem Stauweiher biegen Sie nach links ab und erreichen nach 50 m das Schwimmbad. Von hier aus nehmen Sie den bekannten Weg zurück zum Ausgangspunkt.

Pestwurzstaude in der Urft

Kräuter des Waldbodens

Licht ist ein ökologischer Faktor im Wald, an dem sich die Lebensverhältnisse der Pflanzen ausrichten. Weil die Bäume mit ihren Kronen viele Sonnenstrahlen abfangen, ist es um die Kräuter am Waldboden schlechter bestellt.

Wo die Buchen *(Thema: Buchenwälder, Tour 3, S. 82)* der früheren Wirtschaftswälder in Altersklassen angepflanzt wurden, haben sich hohe Hallenwälder ausgebildet. Das geschlossene Kronendach der gleichaltrigen Buchen lässt Sträuchern, Kräutern und selbst Moosen kaum eine Chance zum Siedeln. Nur Wege schlagen gelegentlich schmale Lichtschneisen durch das Kronendach, an deren Rändern sich der unauffällig gelbgrün blühende Salbei-Gamander oder die Weiße Hainsimse aufreihen.

Die Eichenwälder hingegen auf ihren oft felsigen Standorten stehen meist lückiger. Hier haben auch Sträucher Platz sowie eine artenreiche, manchmal flächendeckende Krautschicht. Die Standortbedingungen sind nicht nur lichtreicher als im Buchenwald, vor allem prägt auch stärkere Trockenheit die Lebensbedingungen unter und zwischen den Traubeneichen.

Unauffällig gelbgrüne Blüten an Wegrändern und Böschungen: Salbei-Gamander

Felsabbrüche sind oft baumfreie und besonders trockene Inseln, hier finden Besenheide oder Kleiner Ampfer ihr Auskommen, Rundblättrige Glockenblume und Taubenkropf-Leimkraut sind nicht selten. An Waldrändern blühen im Frühling Maiglöckchen und im Sommer Habichtskräuter, bei mehr Bodenfeuchtigkeit auch Große Sternmiere und Quirlblättrige Weißwurz. Säurezeigende Zwergsträucher wie die Blaubeere bilden oft flächendeckende Bestände unter den Eichen, wie auch der hellgelbe Wiesen-Wachtelweizen oder der mit violetten oder weißen Lippenblüten ausgestattete Stechende Hohlzahn.

Die Wildkatze

Mit dem Ende der letzten Eiszeit kehrte auch die Wildkatze *(Felis silvestris)* in die Wälder Mitteleuropas zurück und war bis in die Mitte des 19. Jh. allgemein verbreitet. Seitdem jedoch wurde sie als vermeintliche Jagdkonkurrenz erbittert bekämpft und war zu Beginn des 20. Jh. nahezu ausgerottet. Die Erforschung der tatsächlichen Lebensweise dieser Tierart sowie ihre Seltenheit führten dazu, dass sie 1934 unter Schutz gestellt wurde.

Die heutigen Populationen haben dennoch kein leichtes Leben. Probleme verursachen nicht mehr die Bejagung, sondern die Einengung und Zerschneidung ihrer Lebensräume. Das Revier eines Katers kann 5 000 ha groß sein, das einer Kätzin bis etwa 2 000 ha. Wildkatzen kommen in Europa und Deutschland nur noch als vereinzelte Populationen vor, die sich in die großen, zusammenhängenden Waldgebiete zurückgezogen haben. Neben einem ebenfalls bedeutenden Vorkommen im Harz und den vorgelagerten Mittelgebirgen bildet die Eifel mit ihrer Ausdehnung nach Belgien und Luxemburg hinein zusammen mit dem Hunsrück und dem Pfälzer Wald die Heimat für geschätzte 1 000 Tiere und ist damit das größte Verbreitungszentrum in Mitteleuropa. Der Eifel kommt auf diese Weise eine besondere Verantwortung für den Erhalt dieser Tierart zu.

Wildkatzen unterscheiden sich im Aussehen nur wenig von getigerten Hauskatzen. Charakteristisch sind die fleischfarbene Nase (bei Hauskatzen i.d.R. schwarz), wenige weißliche Haarstellen im Hals- und Brustbereich, grün-gelbe Augen (bei Hauskatzen meist

Wildkatze

goldgelb), die verwaschene Tigerung sowie ihr buschiger, stumpf endender (nicht spitz zulaufend wie bei Hauskatzen) und schwarz geringelter Schwanz. Was Wildkatzen deutlich von Hauskatzen unterscheidet, ist ihr Verhalten.

Wildkatzen sind Einzelgänger. Nur zur Paarungszeit in Februar und März duldet das Weibchen den Kater in ihrem Revier, zu anderen Zeiten vertreibt sie jeden Eindringling. Unsere Hauskatzen wurden von den Römern in die Eifel gebracht. Sie stammen von Falbkatzen ab, die in Vorderasien und Nordafrika heimisch sind. Hauskatzen sind wesentlich toleranter als Wildkatzen, was die Nähe zu anderen Artgenossen angeht. Wissenschaftler erklären mit diesen unterschiedlichen Verhaltensweisen das relativ seltene Auftreten von Bastarden zwischen Haus- und Wildkatzen. Wildkatzen und Hauskatzen können sich nur schwer verständigen und verpaaren sich daher nur sehr selten. Obwohl die Hauskatzen in der Eifel sehr viel zahlreicher sind als die Wildkatzen, konnten sie letztere seit der Römerzeit nicht verdrängen.

Wildkatzen jagen meist in der Dämmerung und in der Nacht, nur in ganz ungestörten Gebieten können sie auch tagaktiv sein. Sie benötigen deckungsreiches Gelände und bewegen sich in unseren strukturarmen Wirtschaftswäldern meist an Waldrändern entlang.

Wie bei anderen Tierarten mit großen Arealansprüchen hat der Nationalpark Eifel als relativ kleines Gebiet mit nur etwa 11 000 ha Fläche keinen alleinigen Einfluss auf den Bestand der Eifel-Population. Er ist jedoch im Maßnahmenbündel zum Erhalt dieser Tierart ein Mosaikstein mit einer besonderen Rolle. Mit seinem mittel- und langfristig entstehenden Struktur- und Deckungsreichtum in den Wäldern und den damit im Vergleich zum Umland optimierten Lebensbedingungen wird er in erster Linie ein Ort der Vermehrung sein, den Wildkatzenmütter aufsuchen und von dem später Jungtiere in benachbarte Gebiete auswandern. Mit geschätzten 20–30 Tieren wird hier eine viel höhere Dichte an Wildkatzen herrschen als in den benachbarten Wirtschaftswäldern. Aus diesem Grund muss hier die Störung der Mutterfamilien mit höchster Priorität vermieden werden. Die besondere Funktion des Nationalparks als Kinderstube und Keimzelle für die Verbreitung der Wildkatzen in der Eifel erfordert eine sorgfältige Abwägung zwischen Besucherinteressen und Lebensansprüchen dieser Tiere, damit der Nationalpark seine verantwortungsvolle Rolle für diese Tierart wahrnehmen kann.

Der Schwarzstorch

Im Gegensatz zu Weißstörchen, die als Kulturfolger in den Dörfern der Ebene nisten, sind Schwarzstörche *(Ciconia nigra)* scheue Waldbewohner, die in den ausgedehnten Laub- und Mischwaldgebieten Mittel- und Osteuropas brüten. Obwohl sie die Ebene als Lebensraum bevorzugen, besiedeln sie auch die Mittelgebirge. Ihr Gefieder ist überwiegend schwarz, nur der Brustbereich ist weiß.

Neben den Wäldern für ihre Nistplätze benötigen sie Feuchtgebiete als Nahrungsräume, wo sie sich vorwiegend von Fischen ernähren, aber auch Wasserinsekten, Molche und Frösche fangen.

Als Zugvögel, die den Winter in Süd- und Ostafrika verbringen, kehren sie im April zu ihren Brutplätzen in der Eifel zurück. Kurz darauf beginnen sie mit dem Nestbau, meist auf einem starken Nebenast eines hohen Baumes, etwa 15 m über dem Boden, in den abgelegensten Bereichen der Wälder. Das Storchenweibchen legt 3–5 Eier, die beide Partner abwechselnd 30–35 Tage bebrüten. Die Nahrung wird manchmal aus großen Entfernungen geholt, aus Feuchtgebieten, die oft mehrere Kilometer vom Nest entfernt liegen. Die Jungen werden nach etwa zwei Monaten flügge.

Erst seit wenigen Jahren gibt es den Schwarzstorch wieder in der Eifel. Bisher konnte ein Bruterfolg im Nationalparkgebiet noch nicht verzeichnet werden, doch wurden die Vögel hier bei der Nahrungssuche gesichtet. Wenn im Nationalpark die Wälder strukturreicher gestaltet und Ruhezonen eingerichtet werden, ist ein Bruterfolg auch im Nationalpark Eifel zu erwarten.

Schwarzstorch

Der Kolkrabe

Kolkrabe

Der Kolkrabe *(Corvus corax)* ist unser größter heimischer Rabenvogel. Im Flug lässt er sich an seinem sehr kräftigen Kopf mit dem großen Schnabel und an seinem keilförmigen Schwanz von Saat- und Rabenkrähe unterscheiden.

Als „Pestvogel" gehasst, wurden Raben (und ihre nahen Verwandten, die Krähen) tausendfach vergiftet, abgeschossen oder erschlagen. Rabenvögeln wurde so intensiv nachgestellt, dass der Kolkrabe Mitte des 19. Jh. im westlichen Mitteleuropa ausgerottet war. Letzte Refugien in Deutschland verblieben in Schleswig-Holstein und im Alpenraum.

Erst nach der Einstellung der Verfolgung durch den Menschen in der Mitte des 20. Jh. ist die Art wieder in der Ausbreitung begriffen. In Schleswig-Holstein und Mecklenburg Vorpommern ist er wieder flächendeckend als Brutvogel vertreten. In Nordrhein-Westfalen wurde der Kolkrabe an einigen Stellen wiederangesiedelt, hat sich aber noch längst nicht alle Brutgebiete wieder erschlossen. Im Nationalpark Eifel wurden Kolkraben gesichtet, doch wurde eine Brut bisher nicht beobachtet.

Kolkraben sind Allesfresser. Aas, Kleinsäuger, Insekten, Jungvögel und Amphibien werden erbeutet. Sie brüten auf hohen Bäumen und in Felsen, wo sie eigene Horste bauen oder alte von Greifvögeln besetzen. Das Weibchen brütet ab Februar 2–6 Eier aus. Im April schlüpfen die Jungen und fliegen in der Regel im Mai aus. Die Jungtiere wandern im Verlauf des Jahres aus dem elterlichen Brutterritorium ab und schließen sich zu Schwärmen zusammen. Im Alter von 3 Jahren werden sie geschlechtsreif, bilden Paare und suchen sich ein eigenes Brutrevier.

Kolkraben sind Standvögel, die sich ganzjährig in ihrem Brutgebiet aufhalten und lebenslange Paarbindungen eingehen. Sie beanspruchen ein großes Revier; die Männchen beeindrucken bei Balzflügen im Frühling mit ihren schraubigen Stürzen aus großer Höhe.

Die Herstellung von Holzkohle

Noch heute können Sie im Nationalparkgebiet vielerorts an den Hängen flache, halbkreisförmige Stellen entdecken. Die unter dem Laub zum Vorschein kommende schwarze Erde beweist: es sind ehemalige Kohlenmeilerplätze.

Seit Jahrhunderten wurde in der Eifel Holzkohle produziert. Man benötigte sie in erster Linie in den zahlreichen kleinen Hüttenwerken zur Eisenverhüttung und Metallverarbeitung *(Thema: Die Eisenindustrie im Schleidener Tal, S. 170)*. Die Köhlerei war daher ein weit verbreitetes Gewerbe. Zur Herstellung von Holzkohle kann man alle Holzarten verwenden, allerdings erzielt ausreichend gelagertes (ca. ein bis zwei Jahre) Buchenholz die beste Qualität.

Die Arbeit der Köhler begann in den Wintermonaten mit dem Einschlagen des Holzes, das in Scheiten von ca. 1 m Länge und 10 cm Durchmesser gelagert wurde. Ab März begann die Meilersaison. Zunächst musste die Meilerplatte, ein ebener Platz von 6–20 m Durchmesser (je nach Größe des Meilers) angelegt werden. Meist wurde dieser in den Hang gebaut, so dass möglichst wenige Erdbewegungen nötig waren. Ein Wasserlauf in der Nähe war wichtig, um stets Wasser bei einem auftretenden Meilerbrand zu haben und die Holzkohle später abzulöschen. Die Nähe eines Weges ermöglichte die

Meilerplatz im Püngelbachtal

Anfahrt des Holzes und die Abfuhr der Kohle mit dem Fuhrwerk. Im Schnitt wurden pro Meiler 40–90 Raummeter Holz benötigt. Als Gewinn konnte man auf 100 kg Holz etwa 25 kg Holzkohle rechnen.

Zunächst wurde ein Feuerschacht aus Fichtenstangen und Eisenreifen errichtet, an den man kreisförmig, meist hochkant, die Holzscheite stellte. Die Holzlagen verjüngten sich nach oben hin, wo man nur noch kleine Holzstücke schichtete, so dass eine Halbkugel von 5–15 m Durchmesser und etwa 2,5 m Höhe entstand. Diese wurde mit verrottetem Laub und alter Kohlenerde, die vom Abbrennen früherer Meiler übrig war, abgedeckt. Oben auf den Feuerschacht, den so genannten Füll- oder Quandelschacht, wurden Rasenstücke gelegt. Der Meiler wurde im Feuerschacht entzündet. Innen lief nun ein Schwelbrand ab, der stets kontrolliert werden musste. Durch Einstechen bzw. Verschließen von Löchern wurde die Sauerstoffzufuhr reguliert. Je nach Größe des Meilers dauerte der Verkohlungsprozess 5–8 Tage.

Während dieser Zeit mussten die Köhler den Meiler ständig überwachen und arbeiteten dabei in Wechselschicht. Neben dem Meiler hatten sie daher auch eine Meilerhütte aus Stangen und Rasenstücken aufgebaut, wo sie übernachteten. Nach dem Abbrennen musste der Meiler 24 Stunden abkühlen. Dann konnte die fertige Holzkohle in Säcke verladen und abtransportiert werden.

Köhler bei der Vorbereitung des Meilers

Das ehemalige Röhrenwerk Poensgen und spätere Eisenwerk in Schleiden-Mauel

Von der ehemaligen bedeutenden Eisenindustrie im Urft- und Oleftal *(Thema: Die Eisenindustrie im Schleidener Tal, S. 170)* sind heute nur noch Spuren sichtbar, wie z. B. in Mauel das Denkmal für das ehemalige Eisenwerk an der Urftbrücke oder die Villa Poensgen an der heutigen B266. Die Familie Poensgen gehörte vom 16. bis 19. Jh. zu den wohlhabenden und wirtschaftlich sowie sozial einflussreichen Reitmeisterfamilien, wie die Eisenhüttenbesitzer genannt wurden. Im Schleidener Tal zählten dazu unter anderem auch die Familien Schöller, Virmont oder Peuchen.

Die Familie Poensgen stammte ursprünglich aus der Umgebung von Spa im heutigen Belgien. Bereits um 1500 sind Mitglieder dieser Familie im Schleidener Tal als Reitmeister nachweisbar. Im 16. und 17. Jh. besaßen Poensgens Beteiligungen an zahlreichen Hüttenwerken der Region und traten auch als Waffenschmiede auf. Es war damals durchaus üblich, dass die Reitmeister nicht allein einen Hochofen besaßen, sondern Anteile an verschiedenen Öfen und Schmiedewerken hatten und dementsprechend auch diese eine bestimmte Zeit im Jahr zur Eisenverhüttung und -verarbeitung nut-

Werksgebäude des ehemaligen Poensgen-Betriebs

Villa Poensgen an der B266

zen konnten. Nicht zuletzt der Initiative von Abraham Poensgen, der ein neues Gussverfahren etablierte, ist es zu verdanken, dass die Eisenindustrie im Schleidener Tal im 18. Jh. einen neuen Aufschwung erhielt. Im 19. Jh. trug Reinhard Poensgen entscheidend zum Aufstieg der Eisenproduktion in Gemünd bei und besaß die Anteilsmehrheit am Gemünder Puddel-, Draht- und Walzwerk.

In Mauel, einem Vorort von Gemünd, gründete Albert Poensgen (1818–1880) 1845 mit seinem Schwager Friedrich Wilhelm Schoeller die Firma Poensgen & Schoeller, in der Drahtstifte hergestellt wurden. Schon bald stellte sich der Betrieb aber auf die Produktion von schmiedeeisernen Gasröhren um. Die Nachfrage nach Röhren war insbesondere durch den Ausbau des Eisenbahnwesens sehr gewachsen. Die Qualität des Produktes erwies sich durch verfeinerte Fertigungsabläufe und durch die Verwendung des dafür sehr geeigneten Eifeler Holzkohleeisens als so gut, dass die Röhren auf dem deutschen Markt fast konkurrenzlos waren. Der Absatz erfolgte bis nach Polen und Russland. Ab 1850 führte Albert Poensgen die Firma allein. Als großes Problem erwies sich die mangelhafte Verkehrsanbindung des Betriebes. Die Poensgens setzten sich deshalb bereits seit den 1840er Jahren vehement für den Bau einer Eisenbahnstrecke Düren-Schleiden ein. Zwar wurde 1853 der Bau der Strecke tatsächlich genehmigt, doch zur Ausführung kam es nicht. Das Röhrenwerk Poensgen, aber auch das Walzwerk in Gemünd gerieten zunehmend unter Konkurrenzdruck. 1860 wurden beide Firmen stillgelegt und die Produktion nach Düsseldorf verlagert. Der schließlich realisierte Eisenbahnanschluss Kall-Hellenthal 1885 kam für die Gemünder Eisenindustrie zu spät.

Die Gebäude des Röhrenwerks in Mauel wurden zunächst bis 1869 als Kunstwollfabrik, später als Sägewerk (bis 1881) und Pappfabrik genutzt. 1905 richtete die Firma Breth aus Düsseldorf hier eine Gesenkschmiede, das „Eisenwerk Mauel", ein und knüpfte damit noch einmal an die große, alte Tradition der Metallverarbeitung in der Region an. Sie war bis 1966 am Ort tätig. Heute befindet sich in einem Teil der ehemaligen Werksgebäude eine Papp- und Kartonfabrik. Ihr gegenüber auf der anderen Seite der Bundesstraße steht noch die alte Villa Poensgen.

Tafel am Denkmal des ehemaligen Eisenwerks Mauel

Die Eisenindustrie im Schleidener Tal

Die Eifel ist reich an Bodenschätzen wie Blei-, Eisen- und Zinkerzen, die hier fast 2 500 Jahre lang abgebaut wurden. Für die Industriegeschichte dieses Mittelgebirges war Eisen das bedeutendste Metall. Schon um 500 v. Chr. gruben Menschen der so genannten Eifel-Hunsrück-Kultur im Gebiet um Hillesheim nördlich von Gerolstein Roteisen ab. In Rennöfen, kegelförmigen Öfen aus Lehm mit einem Durchmesser von etwa 1 m und einer Höhe von 1,5 m wurde das Erzgestein bis auf 1 200 Grad erhitzt. Da der Schmelzpunkt für Eisen bei 1 528 Grad liegt, konnte auf diese Weise kein flüssiges Eisen, sondern nur ein zäher Schlackenbrei gewonnen werden, aus dem das Metall durch zahlreiche weitere Erhitzungs- und Schmiedeprozesse schließlich herausgefiltert wurde. Die Römer führten größere, gemauerte Schachtrennöfen mit höherer Leistung ein. Mit zunehmender Besiedlung des Eifelraums seit dem frühen Mittelalter wurde die Produktion von Eisen immer bedeutender, das man für Werkzeuge, Waffen, Haushaltsgegenstände und Schmuck benötigte.

Zu einem der wichtigsten Zentren der Eisenverarbeitung in der Eifel entwickelte sich das Schleidener Tal (Oleftal) zwischen Hellental und Gemünd und das Urfttal von Nettersheim bis Gemünd. Hier gab es günstige Standortbedingungen für das Gewerbe: ausreichende Eisenerzvorkommen, ausgedehnte Laubwälder, in denen man Holzkohle gewann, die für die Verhüttung notwendig war, sowie Wasserenergie zum Antrieb der Eisenhämmer. Bei der Förderung des Erzbergbaus und der Metallverarbeitung spielten Klöster eine Vorreiterrolle. Im Bereich des Schleidener Tals war es das im Jahr 920 gegründete Kloster Steinfeld, das um 1502 den Bergbau zwischen den Tälern der Urft und der Olef kontrollierte und den Bergzehnten erhob.

Mit der Einführung der Hochofentechnik in die Eifel zu Beginn des 15. Jh. erfolgte ein regelrechter Boom der Eisenproduktion. Jetzt war es möglich, flüssiges Metall zu gewinnen und Gusswaren herzustellen. Der Ausbau der Erzgruben schritt zügig voran und auch die Köhlerei und somit die Vernichtung des Waldes nahmen zu

(Thema: Die Herstellung von Holzkohle, S. 166). Die Grundherren waren durch die höheren Steuereinnahmen an dieser Entwicklung durchaus interessiert. Die Reit- bzw. Reidwerke, wie die Hüttenanlagen hießen, zogen zahlreiche Facharbeiter an, unter anderem aus der Wallonie. Die Eisenprodukte des Schleidener Tals wie Stabeisen, Kriegsgerät, Werkzeug und Haushaltsgegenstände, besaßen auch weit außerhalb der Grenzen des Mittelgebirges einen guten Ruf. Der Einfluss der so genannten Reidemeisterfamilien, die die Hütten- und Hammerwerke betrieben, war im wirtschaftlichen und sozialen Leben enorm.

Für die meisten Betriebe kam im 19. Jh. die große Krise. Gründe dafür waren die mangelhafte Verkehrserschließung der Region und die Konkurrenz durch den zunehmenden Einsatz von Steinkohle bzw. Koks in der Eisen- und Stahlproduktion. Firmen im Lütticher Raum, in Lothringen und im Ruhrgebiet liefen den Eifeler Hütten den Rang ab. Manche Eifeler Industriellen verlagerten ihre Produktion schließlich dorthin.

Heute gibt es im Urft- und Oleftal keine Hüttenwerke mehr, selbst die baulichen Spuren sind weitgehend verschwunden. Dafür haben sich neue Gewerbebetriebe an den alten Standorten entlang der Flusstäler angesiedelt.

Historische Antriebsräder aus dem ehemaligen Eisenwerk Mauel

Register

Bildnachweis

Alle Fotos Maria Pfeifer, außer: Aichorn, Prof., Ambros: 130, 165; Amt für rhein. Landeskunde, Bonn: 38, 39; Bildarchiv Dr. Messenig: 40, 41, 167; Bunzel-Drüke, Dr., Margret: 107, 109; Harzheim, Gabriele: 166; Hugenschütt, Dr., Volker (†): 50; Körber, Holger: 86; Kretzschmar, Klaus: 162; Kronen, Hans-Peter: 66, 67; Mais, Hans-Joachim: 46, 47, 110, 112, 113, 146; Nationalparkforstamt Eifel: Titelfoto; Patzke, Ernst-Rudolf: 24; Verkest, José (†): 44, 45, 49, 64, 65, 91, 128, 129, 149

BACHEM *freizeit*

Die beliebten Freizeitführer

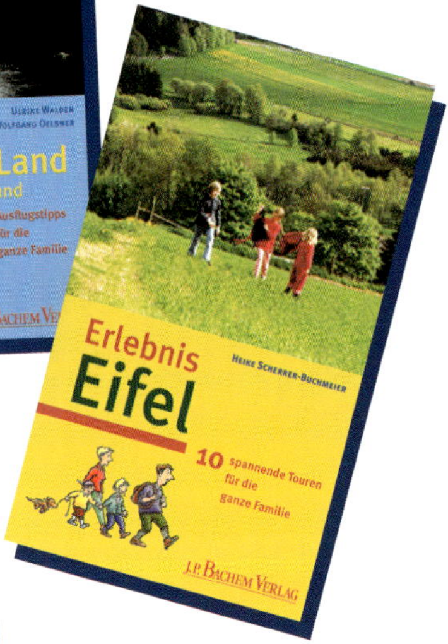

Erlebnis Bergisches Land
und Oberbergisches Land
ISBN 3-7616-1701-1

Erlebnis Eifel
ISBN 3-7616-1635-X

Erlebnis Erftkreis
ISBN 3-7616-1614-7

J.P. BACHEM VERLAG
www.bachem-verlag.de

Autorinnen und Autor

Maria A. Pfeifer,
geboren 1958, ist Diplom-Biologin und freie Mitarbeiterin im Nationalpark Eifel. Sie war lange Jahre im Deutsch-Belgischen Naturpark tätig und ist Herausgeberin und Autorin der Tourenbuch-Serie „ThemenTouren Eifel".

Gabriele Harzheim,
geboren 1958, ist Volkskundlerin und Geografin. Sie führt ein Büro für Kulturwissenschaft in Simmerath und konzipiert und organisiert kulturhistorische Veranstaltungen, Ausstellungen und Führungen. Darüber hinaus arbeitet sie als Autorin.

Hans-Georg Brunemann,
geboren 1953, ist Diplom-Mineraloge mit Schwerpunkt Erzlagerstättenkunde. Sein besonderes Interessengebiet ist die Montangeschichte der Eifel. Seit 1986 ist er in Projekten der geologischen Öffentlichkeitsarbeit tätig. Als wissenschaftlicher Mitarbeiter war er für die TH Aachen und den Deutsch-Belgischen Naturpark am Aufbau von Besucherbergwerken und Lehrpfaden beteiligt.